鳥谷部茂・田村耕一 編著

# 2STEP 民法
ツー・ステップ

## 1 総則

神野礼斉・堀田親臣・平山也寸志・村山洋介

信山社
SHINZANSHA

# はしがき

　民法は，私たちの生活に最も身近な法律であり，その基本原則から所有権などの財産関係，売買などの契約，権利等が害された場合の損害賠償，夫婦や親子に関する家族，人の死亡による財産の帰属に関する相続などの法律関係まで，大変範囲の広い領域を対象としています。本書は，主として，それらの財産関係に共通する事項を扱う「民法総則」（学生は短縮して「ミンソク」とも呼びます）のテキストです。

　民法総則は，民法全体の概説でも入門科目でもありません。物権・債権等の権利は，誰が持つことができるか（主体・客体），どのような場合に有効・無効になり，又は消滅するか（法律行為・取消・期間・時効）などにおいて共通するので，これを抜き出して，二度三度と条文を繰り返さなくてもよいように体系化されたものです。

　民法総則は，解かりにくいとよく言われます。それは，第1に，高校までまったく学習したことがない内容が多いからです（この点で，憲法や消費者法等の特別法とも異なります）。第2に，さまざまな場面に適用するように概念化されているので，抽象的な用語が多いことにもあります。そして，専門的な用語が沢山あるのは，他の場合と異なるものを区分するためです。用語を正確に理解しないと他との違いを説明できないことになります。第3に，民法総則には，物権（例えば，所有権，抵当権等）から相続（相続分，代襲相続等），までの専門用語が十分説明もなく沢山登場します。v頁以下を参考に，その都度条文を確認し，法律用語辞典を参照して，ひと通り最後まで学習することが重要です。

　物権法や債権法等の授業では，原則として，民法総則を学習したことを前提に講義が行われます。もちろん，戻って若干の補足をする場合もありますが，全部を繰り返すことはできません。民法総則で扱われる基本的概念をひと通り理解しておかないと，他の法律科目での理解度が低くなる可能性があります。

　民法は，法曹，公務員，民間企業，資格試験等のいずれにとっても重要な科目です。以上の点に留意しつつ，それぞれの目標に向かって，民法総則の学習をスタートしましょう。

## はしがき

　本書の出版に当たっては，信山社の袖山貴氏，稲葉文子氏，今井守氏に企画段階からさまざまなご配慮・ご協力をいただきました。ここに記して御礼を申し上げます。

　2015 年 5 月 30 日

編者　鳥谷部茂<br>　　　田村耕一

〈本書の使い方〉

## 1　本書の目的と特徴

　本書は，民法について，①条文自体に何が書いてあるのか，②その条文を適用するに当たって何が問題なのか，の点に絞って，「条文」に基づき「どのように思考するのか」という法的思考を学び取ることを目的にしています。

　一般的な本では①と②が連続して記述されますが，本書では学習効果を上げるため，①を第1部「ファーストステップ」として前半に，②を第2部「セカンドステップ」として後半に，ツーステップに分けて記述してあります。

## 2　本書の使い方

　各自の学習目的に応じて，以下を参考に，本書を活用して下さい。

### (1)　一般の人，教養課程等で勉強する人

　まず，民法の各条文を読んでから，第1部の該当条文の部分を読んで下さい。その上で，第1部の各節を通読すると，民法に何が書いてあるのかを理解することができます。第2部については，関心のある箇所を読んでみる程度で十分でしょう。

　授業等で本書を使う場合は，第1部の中でも重要な条文を中心に解説されることが考えられます。また，独自の設例や第2部の関連部分への言及があるかもしれません。

### (2)　法学部，法科大学院の未修者コースで勉強する人

　第1部を3回通読することをおすすめします。1回目は，上記(1)と同じ読み方です。その際は，分からない箇所があっても気にせずに次に読み進んでいって下さい。2回目は，ゆっくりと内容を自分の頭の中にコピーしていくように噛み締めながら読んで下さい。3回目は，自分の理解を確認するために一定の速さで通読して下さい。その際は，当該条文の全体の中での位置づけを意識することが重要です。その上で，第2部や下記3に掲げるような本を読むと，民法の理解が格段に深まるでしょう。

　授業等で本書を使う場合は，第1部は予習として指示されて，第2部あるい

〈本書の使い方〉

は判決の説明が中心になるかもしれません。あるいは，クォーター制の場合は第1部と第2部を分けて授業が実施されること考えられます。法科大学院の場合は，第1部を前提に簡単な事例を三段論法で説明できるトレーニングになることが考えられます。

(3) **法学部卒，法科大学院の既修者コースで勉強する人**

まずは，第1部を上記(2)の3回目の読み方で通読して下さい。その際は，「誰が，どんなときに，何ができるのか」を意識して下さい。また，理解が不十分な条文があれば，該当箇所で再確認をして下さい。

第2部は上記(2)の第1部の2回目の読み方で，自身の理解を確認して下さい。例えば「履行補助者」と「履行補助者的な立場」，「請求することができない」と「直ちに請求することができない」では，意味が異なります。

## 3　さらに勉強するために

繰り返しますが，本書は，①条文自体に何が書いてあるのか，②その条文を適用するに当たって何が問題なのか，に内容を絞ってあります。民法をさらに理解するには，③どうしてそのような条文・制度設計がなされているのか（歴史），④具体的に問題となった事例にどのようなものがあるのか（実務・判決），⑤問題解決にはどのような考え方があり得るのか（学説），⑥他の国では同じ問題をどのように解決しているのか（比較法），等，様々な観点からの学習が必要です。本書を基礎として，次の段階に進んで下さい。

(1) **代表的で入手しやすい教科書**

・内田貴『民法Ⅰ　総則・物権総論（第4版）』（東京大学出版会，2008年）
・近江幸治『民法講義1（第6版補訂版）』（成文堂，2012年）
・佐久間毅『民法の基礎1（第3版）』（有斐閣，2008年）
・山本敬三『民法講義Ⅰ（第3版）』（有斐閣，2011年）

この他にも，多くの優れた教科書があります。図書館で，複数の本を読み比べながら勉強すると，一層理解が深まります。また，これらの本では，研究書や研究論文も引用されています。興味のあるテーマについては，手に取ってみることをお勧めします。

〈本書の使い方〉

(2) 判例について
・奥田昌道他編『判例講義民法Ⅰ（第2版）』（悠々社，2014年）
・潮見佳男他編『民法判例百選Ⅰ総則・物権（第7版）』（有斐閣，2015年）
・松本恒雄＝潮見佳男編『判例プラクテイス民法Ⅰ総則・物権』（信山社・2010年）
　重要な判決や関連する判決については，これらに掲載の判決を手がかりにするとよいでしょう。

(3) 法律用語について
・田島信威『法令用語ハンドブック（三訂版）』（ぎょうせい，2009年）
・林修三『法令用語の常識（第3版）』（日本評論社，1975年）
・金子宏他編『法律学小辞典（第4版補訂版）』（有斐閣，2008年）特に「基本法令用語」
・吉田利宏『新法令用語の常識』（日本評論社，2014年）
　法律用語には，日常用語と違った意味や使い方をするものが多くあります。内容を正確に理解するためには，用語の意味と使い方を確認する必要があります。

(4) 六法について
　・法学六法（信山社）
　・標準六法（信山社）
　・ポケット六法（有斐閣）
　・デイリー六法（三省堂）
　・有斐閣判例六法（有斐閣）
　憲法，民法，商法，民事訴訟法，刑法，刑事訴訟法の六大法典を「六法」といいます。これが転じて法律集のことも六法といいます。六法は毎年発行され，主要な判決が載っている六法もあります。法学部，法科大学院で勉強する人以外は，『法学六法』で十分でしょう。

# 目　次

はしがき（ⅲ）／本書の使い方（ⅴ）

## 第1部 ファーストステップ

### 序　章 …………………………………………………………… 3
- 1 民法とは ………………………………………………… 3
- 2 民法の沿革 ……………………………………………… 3
- 3 民法の仕組み …………………………………………… 4
- 4 民法の学び方 …………………………………………… 4

### 第1章 通　則 …………………………………………………… 7
- 1 一般条項・解釈の基準（第1・2条） ………………… 7

### 第2章 人 ………………………………………………………… 11
- 1 権利能力（第3条） …………………………………… 11
- 2 行為能力（第4から21条） …………………………… 12
- 3 住　所（第22条から24条） ………………………… 20
- 4 不在者の財産管理及び失踪宣告（第25条から32条） … 20
- 5 同時死亡の推定（第32条の2） ……………………… 22

### 第3章 法　人 …………………………………………………… 25

### 第4章 物 ………………………………………………………… 29
- 1 民法における物（第85条） …………………………… 29
- 2 不動産と動産・無記名債権（第86条） ……………… 29
- 3 主物と従物（第87条） ………………………………… 31
- 4 元物と果実（第88・89条） …………………………… 32

目　次

## 第 5 章　法律行為 …………………………………………………… 35
　　1　総　　則（第 90 条から 92 条）………………………………… 36
　　2　意思表示（第 93 条から 98 条の 2）…………………………… 39
　　3　代　　理（第 99 条から 118 条）……………………………… 46
　　4　無効及び取消し（第 119 条から 126 条）……………………… 57
　　5　条件・期限（第 127 条から 137 条）…………………………… 61

## 第 6 章　期間の計算 ………………………………………………… 69
　　1　期間の計算の通則（第 138 条）………………………………… 69
　　2　期間の起算と満了（第 139 条から 143 条）…………………… 69

## 第 7 章　時　　効 …………………………………………………… 73
　　1　時効総則（第 144 条から 161 条）……………………………… 73
　　2　取得時効（第 162 条から 165 条）……………………………… 79
　　3　消滅時効（第 166 条から 174 条の 2）………………………… 81

## 第 2 部 セカンドステップ

**1　民法における基本的な法律用語の意味と使い方** ……………… 89
　　1　及び，並びに，又は，若しくは，かつ (89)／2　時，とき，場合 (89)／3　無効，取消し，撤回，解除，告知 (90)／4　みなす，推定する (90)／5　善意，悪意 (91)／6　故意・過失・重大な過失 (91)／7　当事者，第三者 (92)／8　対抗　92

**2　法律や条文の解釈とは，具体的にはどのような作業なのか** …… 93
　　1　文理解釈・論理解釈・目的論的解釈等 (93)／2　拡張解釈・縮小解釈 (93)／3　類推解釈・反対解釈　94

**3　民法の基本原理とその修正** ……………………………………… 95
　　1　所有権絶対の原則 (95)／2　契約自由の原則 (95)／3　過失責任の原則 (96)／4　権利能力平等の原則 (96)

目　次

4　権利濫用の基準と信義誠実原則との関係……………………………… 97
　　1　権利濫用の成立要件 (97)／2　効　果 (98)／3　第1条2項と3項の関係 (98)

5　胎児を当事者として為された行為の効力は，どうなるのか………… 99
　　1　胎児と不法行為 (99)／2　胎児と相続 (100)

6　後見制度の実態，実情について——改正とその活用状況…………… 102
　　1　成年後見制度 (102)／2　未成年後見 (103)

7　制限行為能力者の詐術は，どのように判断されるのか……………… 105

8　失踪宣告の取消しにより生じる問題は，どのように考えればよいか
　　……………………………………………………………………………… 106
　　1　原則と例外 (106)／2　財産法上の法律関係 (107)／3　家族法上の法律関係 (107)

9　法人の種類——法人にはどのようなものがあるのか………………… 108
　　1　会　社 (108)／2　一般法人 (109)／3　公益法人 (110)

10　権利能力なき社団とは，どんな団体であり，どのように考えればよいか……………………………………………………………………… 111
　　1　複数の人の活動・結合形態 (111)／2　権利能力なき社団 (112)

11　法人の目的の範囲（第34条）は，どのように判断されるのか……… 114
　　1　第34条に関する学説 (114)／2　具体的な解釈方法 (115)／3　営利法人に関する具体例 (115)／4　協同組合型非営利法人に関する具体例 (116)／5　公益法人に関する具体例 (116)

12　一般社団法人及び一般財団法人等の法的責任関係は，どのようなものか………………………………………………………………………… 117
　　1　法人と役員等（ＡＢ間）(117)／2　法人と第三者（ＡＣ間）(118)／3　役員等と第三者（ＢＣ間）(119)／4　法人と社員等（ＡＤ間）(119)／5　役員等と社員等（ＢＤ間）(120)／6　一般財団法人・公益社団法人・公益財団法人における法律関係 (121)

xi

目　次

**13　権利の客体と物は，どのような関係にあるのか** ……………………… 122
　　1　権利の客体と「物」(122)／2　物の分類 (123)

**14　不動産と動産，特に不動産の法的な扱いについて** ………………… 126
　　1　土地・建物と所有権 (126)／2　不動産所有権の客体 (126)

**15　主物と従物とは，何のためにある概念なのか** ……………………… 128
　　1　従物とは──従物の要件 (128)／2　主物と従物に関する具体的問題 (129)

**16　意思表示の構造は，どのようなものか**
　　──意思表示の過程と心裡留保，通謀虚偽表示，錯誤，詐欺・強迫の構造と関係 ‥ 130
　　1　意思表示（意思理論）の構造 (130)／2　心裡留保（第93条）(131)／
　　3　通謀虚偽表示（第94条）(131)／4　錯誤（第94条）(131)／5　詐欺・強迫（第95条）(132)

**17　第94条2項の類推適用**
　　──「通じてした虚偽の意思表示」はないが「本人の意思に対応している」場合… 133
　　1　経過省略の事例 (133)／2　本人による外形作出 (133)／3　相手方による外形作出 (134)／4　本人による「承認」の判断 (134)

**18　第94条2項・110条の類推適用**
　　──「通じてした虚偽の意思表示」がなく「本人の意思に対応していない」場合… 136
　　1　第94条2項と第110条の類推適用 (136)／2　本人の関与・帰責性の判断 (137)

**19　動機の錯誤**
　　──動機と意思表示と法律行為（契約等）へのアプローチ ……………… 139
　　1　二　元　説 (139)／2　一　元　説 (140)／3　近時の見解 (140)

**20　第96条3項の善意の第三者は，どんな者ならば保護に値するのか**……………………………………………………………………… 142
　　1　第94条2項 (142)／2　96条3項 (143)

**21　代理権の濫用は，どのように考えればよいか** ……………………… 144

xii

1　内部関係と外部関係 (144)／2　代理の効力が生じる要件 (144)／
　　　3　代理権濫用の法的構成 (145)／4　法定代理権の濫用 (146)

22　委任状 (の解釈) と第109条は，どのような関係にあるのか……… 148
　　　1　委任状を交付した本人の意思 (148)／2　委任状につき第109条
　　が適用される場合 (149)／3　委任状が用いられた状況の考慮 (151)

23　第110条の基本代理権とは，どのように考えればよいのか ……… 152
　　　1　「基本代理権」の意味──質的連続は不要 (152)／2　事実行為と
　　「基本代理権」(153)／3　公法上の行為と「基本代理権」(154)／4
　　法定代理への第110条の適用可能性 (155)

24　第110条の基本代理権と第761条は，どのような関係にある
　　のか………………………………………………………………………… 156
　　　1　「日常の家事」の範囲 (156)／2　第110条の適用 (157)／
　　　3　第110条の趣旨の類推適用 (157)／4　法定代理と第110条 (158)

25　第110条の「正当な理由」とは，どのように考えればよいのか…… 159
　　　1　代理人について (159)／2　代理行為について (160)／3　相手方
　　について (161)／4　本人について (161)

26　無権代理人の責任とは，どのような意味・性質なのか……………… 162
　　　1　相手方がとるであろう行動 (162)／2　無権代理と表見代理の関
　　係 (162)／3　相手方の過失について (163)／4　無権代理人の過失・
　　悪意について (163)

27　無権代理人と相続は，どのように考えればよいか…………………… 164
　　　1　無権代理人が本人を相続した場合 (164)／2　本人が無権代理人
　　を相続した場合 (165)／3　本人と無権代理人の双方を相続した場合
　　(166)

28　無効と取消しには，どのような種類があるのか……………………… 167
　　　1　無効と取消しの種類 (167)／2　無効と取消しの関係 (167)／3
　　無効と取消の二重効について (168)

目　次

**29　無効と取消しの場合の原状回復の範囲は，どのように考えればよいか** ………………………………………………………………………… 169
　　1　第703条・704条 (169)／2　第121条ただし書き (169)／3　第32条2項ただし書き (169)

**30　条件によって利益を受ける者が故意によって条件を成就させたときは，どう扱うのか** ……………………………………………… 170

**31　「借りたお金は出世したときに払います」は，停止条件か，不確定期限か** ………………………………………………………………… 171

**32　時効制度の存在理由，時効とはどのような制度と考えればよいのか** ………………………………………………………………………… 172
　　1　時効の存在理由 (172)／2　時効制度の法的構成──実体法説と訴訟法説 (172)／3　時効の効果と援用──効果発生との関係での援用の位置づけ (172)／4　援用の相対効と時効の遡及効 (173)

**33　時効を援用することができる「当事者」とは，どのような者を指すのか** …………………………………………………………………… 174
　　1　債権の消滅時効と援用権者の範囲 (174)／2　取得時効と援用権者の範囲 (176)

**34　時効の利益の放棄とは，どんな場合に認められ，どのように考えればよいか** …………………………………………………………… 177
　　1　時効完成前の債務者の自認行為 (177)／2　時効完成後の債務者の自認行為 (177)

**35　取得時効をめぐる種々の問題** …………………………………… 179
　　1　「他人の物」の「占有」(179)／2　占有の継続 (180)

**36　消滅時効類似の制度──権利失効の原則と除斥期間** ………… 182
　　1　権利失効の原則 (182)／2　除斥期間 (182)

**37　特に債権の消滅時効の起算点につき，どのように考えればよいか** ………………………………………………………………………… 184

xiv

1 判例の動向(184)／2 学説の動向(184)／3 消滅時効の具体的な起算点(186)

事項索引(187)

# 第1部　ファーストステップ

　世の中に起こるすべての出来事を見通して，あらかじめ答えを用意しておくことは，不可能です。仮に，できたとしても膨大な量になります。したがって，法律には抽象的な「基準」を書いておいて，具体的事実を当てはめて処理する，という方法が採られています。

　条文の「書き方」は，「Aという事実とBという事実があれば，Cという権利や義務が発生する」つまり「A＋B→C」となっています。これは化学式，例えば「$2H_2 + O_2 \rightarrow 2H_2O$」と同じ構造です。

　ところで，社会の進歩に伴って，様々な問題が生じてくると，法律の条文も頻繁に改正すればよいと思うかも知れません。しかし，例えば道路交通法を例に考えると，昨日まで違反ではなかった行為が，明日から突然に違反になったとすると，安心して通行していた者が，突然に違反者として捕まります。もちろん，法改正を知らなかった者が悪いのですが，法律の改正を毎日調べるのは手間（コスト）がかかり，現実的ではありません。社会は，現時点の法律を前提として様々な行動や契約をしているので，改正の頻度を増やしてしまうと，かえって社会的な混乱を招くことになります。

# 序章

## 1 民法とは

　民法は，わたしたちの日常生活に最も身近な法律です。コンビニで商品を買うこと，住宅を購入したり借りたりすること，電車やバスに乗ること等は，いずれも契約という権利義務に関する行為（「法律行為」という）によって目的を達成しています。これらの場合において，買主や乗客は，商品に欠陥があったときや交通事故でケガをしたときは，契約違反（第415条）や不法行為（第709条）を理由として，売主や会社を相手に損害を償ってもらうことができます。普段は意識しないことが多いものの，民法は，誰が誰に対して，どのような権利を有し義務を負うのか，について定めています。そしてこれらの権利義務は，主として，私的自治・意思主義（自己決定）を基礎としています（第2部3「民法の基本原則とその修正」を参照）。

## 2 民法の沿革

　わが国の民法典は，明治維新後，フランス民法（1804年）やドイツ民法第1草案（1887年）等の影響を受けて，制定されたものです。まず，民法典の制定に当たり，日本政府はフランスの法律学者ボアソナードを招聘して一度は民法典を作成しましたが（「旧民法」という），実施には至りませんでした。その後，この旧民法を改正する形式で明治29年に制定され，同31（1898）年に施行されたのが現在の民法典第1編から第3編（総則編，物権編，債権編）です。第2次世界大戦後，国民主権や法の下の平等という民主主義的な憲法のもとで，全面的な改正が行われ，総則編の一部の改正とともに，民法典第4編及び第5編（親族編，相続編）が新たに制定されました（1947年）。その後，社会の変化とともに，根抵当権，成年後見法，担保法，法人法等が改正（追加や変更）されて今日に至っています。

なお，特に個別の法律としての民法を指すときは「民法典」といい（形式的意味での民法），市民社会における市民相互の関係を規律する私法の一般法を指すときは「民法」といいます（実質的意味での民法）。

## 3 民法の仕組み

　民法典は，総則，物権，債権，親族，相続の5編から成り立っています（図1を参照）。そのうち，総則編では，私法に関する権利（私権）について，物権や債権にも共通する条項を，二度三度と繰り返し規定しなくてもよいようにまとめて定めています。総則の主な内容は，通則，人，法人，物，法律行為，期間，時効です（図2を参照）。本書の内容は，この総則に関するものです。

　物権編では，「人の物に対する権利（物権）」を定めています。人は権利の主体（持つ側）であるのに対して，物は権利の客体（人によって持たれる側）となります。物権は，物に対する支配（使用・収益・処分）の態様によって，占有権，所有権，留置権(りゅうち)，質権，抵当権等に分かれます。

　債権編では，「人（債権者）が他の人（債務者）に対して有する請求権（特定の行為を求める権利）」について定めています。債権（＝請求権）にも，「金銭を支払え」，「土地を明け渡せ」等さまざまな種類のものがあり，その効力も当事者間の効力，第三者に対する効力があります。さらに，債権の各論として，その債権が発生する原因を，当事者の合意によって成立する典型契約（贈与，売買，賃貸借，消費貸借，請負，委任等。これらの契約によって生ずる債権を約定債権(やくじょう)という）と，法律の規定によって発生する法定債権(ほうてい)（事務管理，不当利得，不法行為）に分けて規定しています。

　親族編では，婚姻と親子に関する法律関係について規定し，相続編では，人の死亡による財産をめぐる法律関係について規定しています。

## 4 民法の学び方

　民法を理解するためには，基本的な概念や仕組みをしっかり理解してから，それらが複雑に絡みあう問題へと学習を進めるのが堅実な学習方法です（「基本的な用語・概念・制度」につき第2部1を参照）。そのためには，基本書，六法(ろっぽう)，法律学辞典を用意し，基本書を読みながら，該当条文を六法で確認し，わから

序　章

図1　民法の仕組み

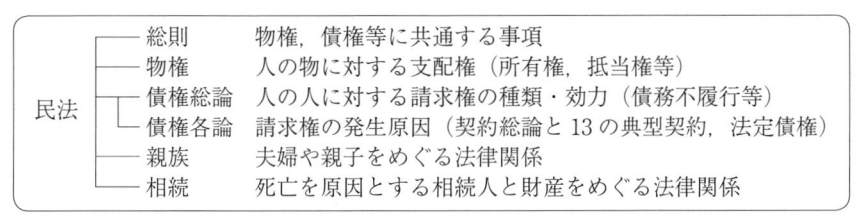

```
          ┌─ 総則     物権，債権等に共通する事項
          ├─ 物権     人の物に対する支配権（所有権，抵当権等）
民法 ─────┼─ 債権総論 人の人に対する請求権の種類・効力（債務不履行等）
          ├─ 債権各論 請求権の発生原因（契約総論と13の典型契約，法定債権）
          ├─ 親族     夫婦や親子をめぐる法律関係
          └─ 相続     死亡を原因とする相続人と財産をめぐる法律関係
```

ない用語を法律学辞典等で確認するのがよい方法です。それでもわからない場合は，先生や先輩，友人等に聞いてみると，対話をするなかで，お互いに理解が深まります。これを根気強く繰り返すことで自然と身についていきます。

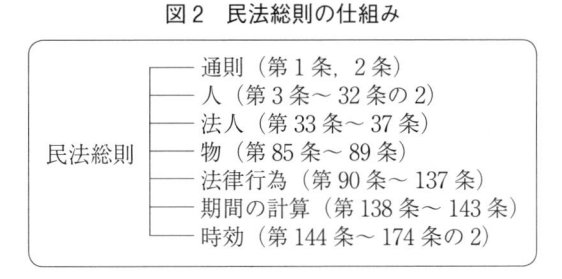

図2　民法総則の仕組み

```
          ┌─ 通則（第1条，2条）
          ├─ 人（第3条〜32条の2）
          ├─ 法人（第33条〜37条）
民法総則 ─┼─ 物（第85条〜89条）
          ├─ 法律行為（第90条〜137条）
          ├─ 期間の計算（第138条〜143条）
          └─ 時効（第144条〜174条の2）
```

　民法の勉強を始めていくと，民法の特別法（借地借家法等），慣習法，判例法等も登場します。これらは，民法典の条文だけではすべての問題を解決できないことから，民法典を補充するために必要なものです。また，問題解決のための条文が見つかっても，文言の意味内容が明確でないときは解釈が必要になります。妥当な結論を導くために，文理解釈（条文の文言どおりの扱いをすること）だけではなく，反対解釈（規定と反対の意味を引っ張り出すこと），類推解釈（類似の場合にも同じ結果を導くこと）等が行われます（「法律や条文の解釈」につき第2部2を参照）。

　条文の解釈が分かれることもありますが，具体的な事件が裁判になったときは，最終的には最高裁判所が判決をくだします。この判例が当該条文の解釈について，その後の判決を拘束し法律と同じような機能を果たします。このような裁判所の判断を「判例法」とよんでいます。条文ごとに重要な判例があり，学習にとって必要となってきます。

---

第2部「セカンドステップ」で勉強すること
　1　民法における基本的な法律用語の意味と使い方。
　2　法律や条文の解釈とは，具体的にはどのような作業なのか。

# 第1章 通　則

## 1　一般条項・解釈の基準（第1条・2条）

　第1章は，通則として，①民法全体を貫く考え方（基本原則）と②民法を解釈する際の指針（解釈の基準）を定めています。

　従来より，民法の基本原理としては，「所有権絶対の原則」，「契約自由の原則」，「過失責任の原則」等が挙げられてきました。これらの原理は，特に条文化されてはいませんが，そもそも人がなぜ権利を持つことができるのか，人はなぜ義務を負うのかを基礎づけるもので，民法に共通する原理です。

　これに対して，第1条は，公共の福祉，信義誠実の原則，権利濫用禁止の原則を定め，すでに人が有している権利の行使を制限したり，人に義務を負わせるものです。第1条は，適用される場面を限定せず，また，適用に必要な具体的な事実（「要件」という）等が明記されていないことから，一般条項とよばれてきました。

　その上で，条文化されていない「民法の基本原理」と第1条（基本原則）の関係をどう理解するかが問題となります（「民法の基本原理とその修正」につき第2部3を参照）

[第1条]（基本原則）

　第1条は，人が権利を有し又は義務を負担する場合において，その行使を制限し又は義務を課しています。第1項が公共の福祉，第2項が信義誠実の原則，第3項が権利濫用の禁止を規定しています。

① 第1項「私権は，公共の福祉に適合しなければならない。」

　人の権利は，一方で法によって保障されていますが，しかし，必ずしも絶対のものではないということです。権利者であっても，その権利の行使は社会共同体の利益（多くは国や公共団体の主張）によって制限され得ることを規定した

第1部　ファーストステップ

ものです。ただし，常に公益が優先するということではなく，個人が持っている権利等との調整が必要となります（憲法第29条2項を参照）。

②　第2項「権利の行使及び義務の履行は，信義に従い誠実に行わなければならない。」

この信義誠実の原則に反する場合には，債権者の権利の行使の全部又は一部が無効になります。債務者の義務の履行については，不誠実な履行として，債権者から債務不履行責任（第415条）等を問われることになります。

契約の当事者（債権者と債務者）間では，相手方を信頼して契約の締結に至ったのであるから，契約の目的を達するために法規定がなくても一定の義務を負う場合があります（契約関係から生ずる債務者の「付随義務」や「安全配慮義務」といわれる）。また，この信義誠実の原則から，売主である業者の顧客に対する説明義務が導かれる場合もあります。したがって，信義誠実の原則には，既に発生している債権関係を前提として，当事者の権利義務の行使を正義・公平にかなうように具体化したり，修正したりする機能があるといわれています。さらに，この原則が，新たな法創造的機能を有する場合があります（債権法で勉強する）。

③　第3項「権利の濫用は，これを許さない。」

正当な権利を有する者（所有者等）であっても，相手方に損害を与えるために行使したり，許される範囲を超えて行使する場合には，その権利行使は無効となります。また，場合によっては，所有者等の権利行使が無効となるだけではなく，相手方に損害賠償を支払わなければならなかったり，その権利自体が剥奪される場合（例えば親権の喪失）もあるとされています。

権利濫用の態様としては，他人の侵害に対してその排除のために不当に権利を行使する場合，正当な範囲を逸脱して権利を行使する場合，権利の行使が著しく不等な結果をもたらす場合，形成権（取消権や解除権等）を不当に行使する場合等に類型化されています。権利濫用が成立するかどうかについては，原則として，主観的要件と客観的要件の双方が必要であるとされています。ただし，客観的要件が大きい場合（例えば公共工事等）には，主観的要件が認定されないときでも権利濫用の成立が認められる場合があります。

その上で，特に，信義誠実の原則と権利濫用の禁止が適用される場面や相互の関係をどう理解するかが問題となります（「権利濫用の基準と信義誠実原則との関係」につき第2部4を参照）。

第2条（解釈の基準）

第2条は，民法を解釈する場合に，個人の尊厳と両性の本質的平等を旨として解釈しなければならないことを規定しています。第1条と第2条は，憲法の理念（第13条・14条・24条）に沿って，昭和22年の民法改正の際に導入されました。従来の判例では，妻や女性社員が，女性であるという理由のみで，夫や男性社員と差別的な扱いを受けた場合に，この条文が用いられることがありました。

> 第2部「セカンドステップ」で勉強すること
>  3 民法の基本原理とその修正。
>  4 権利濫用の基準と信義誠実原則との関係。

# 第2章　人

　第2章は，人として，民法において権利を有し義務を負うことのできる主体のうち，自然人（われわれ生身の人間）について定めています。会社等の法人については第3章に定められています。具体的には，①権利能力（第1節），②行為能力（第2節），②住所（第3節），③不在者の財産管理及び失踪宣告（第4節），④同時死亡の推定（死亡の先後が証明できない場合；第5節）について定めています。

## 1　権利能力（第3条）

[第3条]（権利能力）
　第3条は，人は出生によって私法上の権利を有し義務を負う資格を取得すると定めます。この資格を「権利能力」とよびます。具体的には，売買契約を締結する，相続によって財産を承継する，損害賠償を請求する等ができる資格のことです。
　民法では，出生とは，体が母体から全部露出した時点だと考えられています。したがって，まだ母親のお腹の中にいる胎児に権利能力はありません。しかし，損害賠償請求（第721条），相続（第886条），遺贈（第965条）について，胎児は既に生まれたものとみなされ，権利者として扱われます。ほぼ生まれてくることが確実である胎児が，生まれてくるのが少し遅いために上記の事柄から排除されるのは，不公平だからです。もっとも，胎児の段階において母親等が胎児を代理して損害賠償の請求や遺産分割をすることができるかについては議論があります。そもそも胎児を代理できるかどうかについて民法には規定がなく，また，胎児の段階で代理することが胎児にとって不利益となるおそれもあるからです（「胎児を当事者として為された行為」につき第2部5を参照）。
　なお，人は死亡によって権利能力を失います。ここでの死亡には，認定死亡（戸籍法第89条）や失踪宣告（第30条以下）も含まれます。死亡によって人の

権利能力が消滅すると，死亡した人が持っていた財産は誰の所有でもなくなります。そこで，持ち主のいない状態を回避するために，死亡と同時に家族等の相続人が死亡者（「被相続人」という）の権利義務を自動的に引き継ぐ相続制度が用意されています。

## 2 行為能力（第4条から21条）

3歳の幼児にも80歳の認知症高齢者にも権利能力は認められます。しかし，幼児や認知症高齢者等，判断能力の十分でない者が自ら売買契約を結ぶことはたいへん危険です（極めて不利な条件で売買契約を結ばされる等）。そこで，民法では，自ら行った法律行為（契約等）の結果を弁識（べんしき）できるだけの精神能力を有しない者のした行為を無効とします。この能力を「意思能力」とよびます。しかし，契約締結当時に本人に意思能力がなかったことを証明することは，実際には困難な場合が少なくありません。そこで民法は，おおむね継続的に意思能力が欠けている者を定型的に「制限行為能力者（未成年者，成年被後見人，被保佐人および同意権付与の審判を受けた被補助人）」と定め，制限行為能力者が単独でした法律行為（契約等）は，意思無能力を証明しなくても，取り消すことができることにしました。これを行為能力制度とよびます（「後見制度の実態，実情」につき第2部6を参照）。制限行為能力者という概念は，判断能力が不十分な人々を保護するための法技術です。

### ◆ 1 行為能力の判断基準となる年齢（第4条）

第4条（成　年）

第4条は，満20歳をもって成年になると定めています。したがって，20歳未満の者が未成年者です。20歳は行為能力の判断基準であり，第5条が定めるように，未成年者が単独でした法律行為（契約等）は原則として取消しの対象になります。他方，民法は，成年者には独立・完全な行為能力を与えているので，成年者は自分のした法律行為（契約等）については責任をもたなければなりません。

なお，20歳未満でもすでに婚姻をしている場合は，民法上，成年者と扱われます（第753条；「成年擬制」という）。したがって，この場合は第5条以下の

第2章 人

取消権の適用はありません。

### ◆ 2　制限行為能力者制度①（未成年者；第5・6条）

〔第5条〕（未成年者の法律行為）

　第5条は，判断能力の十分でない未成年者を保護するために，未成年者が法定代理人（親権者，未成年後見人）の同意を得ないでした法律行為（契約等）は，原則として，取り消すことができると定めます（第1項本文・2項）。もっとも，「取り消すことができる」ということは，取り消すまでは一応有効であって，取消権者（第120条1項）によって取り消されることによってはじめて，その法律行為（契約等）は遡って初めから無効となります（第121条本文）。

　ただし，法定代理人の同意を得なくても未成年者が単独で有効にすることができる行為があります。第1に，「単に権利を得，又は義務を免れる法律行為」です（第1項ただし書き）。例えば，贈与を受けたり，債務の免除を受けたりする等，未成年者にとって不利益とならない行為は単独ですることができます。第2に，「処分を許した財産」の処分です（第3項）。例えば，親から教科書代として渡されたお金で教科書を買うことや（第3項前段），親からもらったお小遣いで音楽CDを買うこと等は（第3項後段），未成年者も単独ですることができます。さらに第3は，第6条に規定されています。

〔第6条〕（未成年者の営業の許可）

　第6条は，未成年者であっても，許された営業については「成年者と同一の行為能力を有する」と定めます。例えば，親から魚屋を営むことを許可されたならば，魚の仕入れ等，魚屋の営業に関しては単独で有効に法律行為（契約等）をすることができます（第1項）。もっとも，未成年者がその営業に堪えることができない事由があるときは，その法定代理人は，その許可を取り消し，またはこれを制限することができます（第2項・第823条2項・第857条）。

### ◆ 3　制限行為能力者制度②（成年後見；第7条から10条）

〔第7条〕（後見開始の審判）

　第7条は，「精神上の障害により事理を弁識する能力を欠く常況にある者」について，家庭裁判所は，後見開始の審判をすることができると定めます。審

判とは，家庭裁判所が下す判決です。第7条が定める「後見」の対象者は，具体的には，例えば，①通常は，日常の買物も自分ではできず，誰かに代わってやってもらう必要がある人，②ごく日常的な事柄（家族の名前，自分の居場所等）がわからなくなっている人，③完全な植物状態（遷延性意識障害の状態）にある人等です。

後見開始の審判を申し立てることができるのは，本人，配偶者，四親等内の親族等の第7条に列挙される者のほか，任意後見受任者・任意後見人または任意後見監督人（任意後見契約に関する法律第10条2項），市町村長（老人福祉法第32条等）にも申立権があります。

以上のような精神上の障害（認知症・知的障害・精神障害等）によって判断能力の十分でない成年者を保護するための制度を成年後見制度といいます。成年後見制度には，「後見」・「保佐」・「補助」の3類型があり，障害の程度が最も重い人が「後見」，次に重い人が「保佐」，最も軽い人が「補助」を用いることができるように設計されています（任意後見制度につき第2部6を参照）。

### 第8条 （成年被後見人及び成年後見人）

第8条は，後見開始の審判の効果として，「後見開始の審判を受けた者は，成年被後見人とし，これに成年後見人を付する」と定めます。すなわち，後見開始の審判（第7条）がされたときは，成年被後見人に保護者として成年後見人が付されるとともに（第8条），後見が開始することになります（第838条）。家庭裁判所は，後見開始の審判をするときは，職権で成年後見人を選任することが義務付けられています（第843条）。成年後見人は，本人の子，兄弟姉妹，配偶者，親等の本人の親族から選ばれるときも多いですが，本人の財産の管理をめぐって親族間に激しい対立がある場合等は，中立な立場にある第三者，例えば弁護士や司法書士が選任されることもあります。近年，親族以外の第三者が成年後見人に選任されるケースが増えています（第2部6も参照）。

### 第9条 （成年被後見人の法律行為）

第9条は，成年被後見人の法律行為（契約等）は，取り消すことができると定めます。本人（成年被後見人）は精神上の障害により判断能力を欠く常況にあるので，本人が自ら法律行為（契約等）を行う場合には自己に不利益な行為

を誤って行ってしまうおそれがあるからです。後述の保佐や補助とは異なり，成年後見人が当該行為に同意をしていたとしても，取り消すことができます。

ただし，「日用品の購入その他日常生活に関する行為」については，本人の判断に委ね，取消権の対象から除外されています（ただし書）。例えば，食料品・衣料品等の買物，電気・ガス代，水道料等の支払い，それらの経費の支払いに必要な範囲の預貯金引き出し等については，成年被後見人も単独で有効にすることができます。

<u>第 10 条</u>（後見開始の審判の取消し）

第 10 条は，第 7 条所定の原因が消滅したときは，後見は終了することを定めます。すなわち，本人の判断能力が保佐または補助の開始の要件に該当する程度またはそれ以上にまで回復したときは，後見開始の審判を取り消さなければなりません。取消しを申し立てることができるのは，本人，配偶者，四親等内の親族等の第 10 条に列挙される者です。なお，この場合に保佐または補助開始の審判に移行したときは，後見開始の審判は職権で取り消されます（第 19 条）。

◆ **4 制限行為能力者制度③**（保佐；第 11 条から 14 条）

<u>第 11 条</u>（保佐開始の審判）

第 11 条は，事理弁識能力を「欠く常況」（第 7 条の「後見」の対象者）には至らないが，事理弁識能力が「著しく不十分」である者について，家庭裁判所は，保佐開始の審判をすることができると定めます。第 11 条が定める「保佐」の対象者は，具体的には，例えば，①日常の買物程度はできるが，重要な財産行為は自分では適切に行うことができず，常に他人の援助を受ける必要がある（誰かに代わってやってもらう必要がある）人，②いわゆる「まだら認知症」（ある事柄はよく分かるが他のことは全く分からない人と，日によって普通の日と認知症の症状等の出る日がある人の双方を含む）の中で，重度の人等だとされます。

保佐開始の審判を申し立てることができるのは，本人，配偶者，四親等内の親族等の第 11 条に列挙される者です。そのほか，任意後見受任者・任意後見人または任意後見監督人（任意後見契約に関する法律第 10 条 2 項），市町村長（老人福祉法第 32 条等）にも申立権があります。法定後見制度は本人の判断能力の程度に応じて必要かつ相当な保護を定めたものなので，補助開始の審判の

第1部　ファーストステップ

対象者や後見開始の審判の対象者が，保佐開始の審判を受けることはできません（第11条ただし書き）。

[第12条]（被保佐人及び保佐人）
　第12条は，第8条と同様，保佐開始の審判を受けた者を被保佐人とし，その保護者として保佐人を付すことを明らかにしています。

[第13条]（保佐人の同意を要する行為等）
　第1項は，保佐人の同意権の対象行為を列挙しています（1～9号）。具体的には，1号は，銀行預金の払い戻しや利息付での金銭の貸付け等，2号は，金銭を借りる，保証人として保証債務を負担する等，3号は，土地を売却する，土地に抵当権を設定する等，4号は，民事訴訟において原告となって訴訟を遂行する行為をする，5号は，本人が第三者に贈与をする，裁判外または裁判上の和解をする，あるいは，民事上の紛争の解決を仲裁人に委ね，かつ，その判断に服する合意をする（仲裁法第2条1項参照）等，6号は，遺産を承継する（債務の承継もあり得るので），遺産承継を放棄する，あるいは，承継した遺産を相続人間で分割する（分け方いかんによっては不利益になり得るので）等，7号は，贈与の申し出を断る，負担の付いた贈与を受諾する（負担が過大である場合もあり得るので）等，8号は，居住用不動産を新築する請負契約を結ぶ等，9号は，1年間自動車を借りる契約を結ぶ等，です。

　ただし，日用品の購入その他日常生活に関する行為は，同意権の対象から除外されています（第1項ただし書き）。さらに，上記の1号から9号以外の行為についても，家庭裁判所は，本人保護のために必要であれば，さらに同意を要する行為を追加することができます（第2項）。保佐人が被保佐人の利益を害するおそれがないにもかかわらず同意をしないときは，被保佐人は，家庭裁判所の許可を得れば，保佐人の同意がなくても，自ら有効に当該行為を行うことができます（第3項）。

　以上の保佐人の同意を得なければならない行為について被保佐人が同意を得ないでしたときは，それを取り消すことができます（第4項。なお，取消しについては第120条以下参照）。

第2章　人

[第14条]（保佐開始の審判等の取消し）
　第1項は，第10条と同様の趣旨であり，本人の判断能力が補助開始の要件に該当する程度またはそれ以上にまで回復した場合，保佐開始の審判を取り消さなければならないことを定めます。逆に，本人の判断能力が後見開始の要件に該当する程度までに至ったときは，第7条に基づいて申立権者が申立てを行い，後見開始の審判へ移行した上で保佐開始の審判は職権で取り消すことになります（第19条）。なお，第2項は，同意権の拡張（第13条2項）があった場合の取消しについて定めています。

◆ 5　制限行為能力者制度④（補助；第15条から19条）
[第15条]（補助開始の審判）
　第15条は，「後見」や「保佐」の対象者よりもさらに軽度の精神上の障害によって事理弁識能力が「不十分である者」について，家庭裁判所は，補助開始の審判をすることができると定めます。第15条が定める「補助」の対象者は，具体的には，例えば，①重要な財産行為について，自分でできるかもしれないが，適切にできるかどうか危惧がある（本人の利益のためには，誰かに代わってやってもらった方がよい）人，②いわゆる「まだら認知症」の中で，軽度の人等とされます。
　補助開始の審判を申し立てることができるのは，本人，配偶者，四親等内の親族等の第15条に列挙される者です。そのほか，任意後見受任者・任意後見人または任意後見監督人（任意後見契約に関する法律第10条2項），市町村長（老人福祉法第32条等）にも申立権があります。
　補助開始の審判の対象者は，一定の判断能力を有する者なので，自己決定尊重の観点から，本人以外の者の請求により補助開始の審判をするには，本人の同意が必要とされます（第2項）。
　なお，補助制度においては，当事者が申立てにより選択した特定の法律行為（例えば，預金の管理，不動産等の重要な財産の処分，介護契約等）について，審判によって補助人に同意権（取消権）または代理権を付与することになります（第17条1項・第876条の9第1項）。同意権も代理権も付与しない補助はありえません（第3項）。同意権も代理権もない補助を開始しても実益がないからです。

第1部　ファーストステップ

[第16条]（被補助人及び補助人）

　第16条は，第8条および第12条と同様，補助開始の審判を受けた者を被補助人とし，その保護者として補助人を付すことを明らかにしています。

[第17条]（補助人の同意を要する旨の審判等）

　補助制度においては，自己決定尊重の観点から，同意権（取消権）の付与を選択的な保護方法としています。すなわち，本人の意思によりその付与を選択した場合のみ，第13条1項に定める行為の中の特定の法律行為に限って，同意権付与の審判をします（第1項・2項）。特定の法律行為について同意権が付与されると，被補助人が補助人の同意を得ずにその特定の法律行為を行った場合には，その法律行為は取り消すことができます（第4項。なお，取消しについては第120条以下参照）。もっとも，補助人が被補助人の利益を害するおそれがないにもかかわらず同意をしないときは，被補助人は，家庭裁判所の許可を得れば，補助人の同意がなくても，自ら有効に当該行為を行うことができます（第3項）。

[第18条]（補助開始の審判等の取消し）

　第1項は，第10条および第14条と同様の趣旨であり，補助人の代理権または同意権（取消権）による保護を要しない程度にまで本人の判断能力が回復した場合，補助開始の審判を取り消さなければならないことを定めます。逆に，本人の判断能力が保佐または後見開始の要件に該当する程度までに至ったときは，第11条または第7条に基づいて申立権者が申立てを行い，保佐または後見開始の審判へ移行した上で，補助開始の審判は職権で取り消すことになります（第19条）。

　第2項は，同意権付与の審判後に，その対象とされた法律行為の全部または一部について補助人の同意を維持する必要がなくなった場合（例えば，本人が当該行為を行う可能性がなくなった場合）には，同意権付与の審判の全部または一部を取り消すことができると定めます。

　第3項は，補助開始の審判後に，その目的とされた法律行為の終了等（例えば，遺産分割または財産処分行為の終了等）により，代理権付与および同意権付与の審判の全部が取り消され，なんらの代理権・同意権も伴わない空虚な状態

になる場合には，補助開始の審判は取り消さなければならないと定めます。

> 第 19 条 （審判相互の関係）

　第19条は，補助・保佐・後見のいずれかの開始の審判を受けている者について，本人の判断能力の状況の変化により他の制度の開始の審判をする場合に関して，審判相互の重複・抵触を回避するため，家庭裁判所は従前の開始の審判を職権で取り消さなければならない旨を定めます。

## ◆ 6　制限行為能力者制度における相手方の保護（第20条・21条）

> 第 20 条 （制限行為能力者の相手方の催告権）

　第20条は，制限行為能力者の相手方の催告権について定めます。制限行為能力者の相手方は取消権または追認権の行使の有無について不安定な状態に置かれることから，この状態を早期に解消するために，催告権が認められています。相手方が，「一箇月以上の期間を定めて」，法定代理人（親権者，未成年後見人，成年後見人），保佐人，補助人，さらには，行為能力回復後の本人に対して催告をした場合は，その期間内に確答がないときは，当該行為は追認したものとみなされます（第1項・2項）。他方，相手方は，被保佐人や被補助人に対しても，保佐人または補助人の追認を得るべき旨の催告をすることができますが，その期間内に追認を得た旨の通知がないときは，当該行為は取り消したものとみなされます（第4項）。すなわち，単独で追認をすることができる者に対して催告した場合は，取り消すならば返事があるはずだから，返事がなければ追認したものとされ，他方，単独で追認をすることができない者に対して催告をした場合は，返事がなければ，取り消したものとされます。なお，第3項によれば，例えば，成年後見人に対して催告した場合でも，後見監督人（第849条）の同意を要する行為（第864条）については（「特別の方式を要する行為」），成年後見人は単独で追認することはできないので，後見監督人の同意を得た旨の通知を発しなければ，当該行為は取り消されたものと扱われます。

> 第 21 条 （制限行為能力者の詐術）

　第21条は，制限行為能力者である本人が，取引の相手方に対して，自分が制限行為能力者でないと信じさせるために詐術を用いたときは，取引の安全の

観点から取消権の行使を制限する規定です。例えば、自分は本当は19歳なのに21歳だと偽って相手に行為能力者であると誤信させて金を借りる契約をした場合は、もはや制限行為能力者を保護する必要はないので、詐術を用いた行為は取り消すことができないことになります。

　もっとも、お金を借りたい未成年者が単に年齢を誤魔化しただけで取り消すことができないとすると、制限行為能力者を保護するという制度の適用範囲が狭くなり、制度の趣旨が生かされません。したがって、何が「詐術」に当たるかについては慎重な判断が必要となります（「制限行為能力者の詐術」につき第2部7を参照）。

## 3　住　所（第22条から24条）

　民法は、各人の生活の本拠をその者の住所とすると規定しています（第22条）。生活の本拠というのは、人の実質的な生活の場所を意味し、本籍地のような形式的な届出の場所ではないとされています。実際には、裁判の管轄や債務の弁済地をどこにするかという場合に問題となります。住民登録（住民票）の所在地は、住所そのものではありませんが、実質的な生活の場所が明確でない場合には最も重要な資料になるとされています。

　住所ではないが、多少継続して居住する場所のことを居所といい、住所が知れないときはこの居所が住所とみなされます（第23条1項）。また、特定の行為について仮住所を選定したときは、その行為に関しては、仮住所が住所とみなされます（第24条）。

## 4　不在者の財産管理及び失踪宣告（第25条から32条）

### ◆ 1　不在者の財産管理（第25条から29条）

　住所を去ったまま帰ってくる見込みのない者を不在者といいます。この不在者が財産を残して去っていった場合、この財産の管理が問題となります。不在者が管理人を置かなかった場合、家庭裁判所は、利害関係人や検察官の請求により管理人を選任し、管理人に財産目録を作成させ、裁判所の監督の下で管理人が財産を管理することになります。裁判所は、不在者の財産の中から相当の報酬を管理人に与えることができます（第25条・27条・29条参照）。

## ◆ 2　失踪宣告（第30条・31条）

[第30条]（失踪の宣告）

　第30条が定める失踪宣告とは，不在者の生死が不明となった状態が一定期間継続した場合に，一定の条件によりその不在者を死亡したものと扱うことをいいます。その結果，婚姻が解消され再婚が可能となり，不在者に帰属していた財産について相続が発生することになります。

　失踪宣告が行われるための要件は，第1に，生死が分明でないこと，第2に，生死不明の状態で一定の期間が経過したことです。失踪には，不在者の生死不明の期間が長く続く場合の「普通失踪」と特別の危難に遭遇して生死不明となった場合の「特別失踪（危難失踪）」があります。普通失踪では，生死不明の期間が7年間必要であり，その後に利害関係人が家庭裁判所に申し立てることができるとされています（学説における通説）。これに対して，特別失踪では，危難が去った後1年後に利害関係人が申し立てることができます。いずれも利害関係人とは，法律上の利害関係を有する者に限られます。失踪宣告の手続は，家庭裁判所の審判によります（家事事件手続法第148条）。

　なお，失踪宣告は，あくまでも残された財産の管理・相続と婚姻の解消を可能とするためだけの制度であり，失踪した者が，どこかの地で生活＝契約をすること自体が否定されるわけではありません。

[第31条]（失踪の宣告の効力）

　第31条は，家庭裁判所により失踪宣告が行われると，失踪者を死亡したものとみなし，その死亡の時期は，普通失踪の場合は，失踪期間（行方不明になってから7年間）満了の時であり，特別失踪の場合には，危難が去った時（船舶が沈没した時，航空機が墜落した時）であると定めます。それぞれの時点が婚姻解消の時点であり，相続発生の時点になります。

[第32条]（失踪の宣告の取消し）

　第32条は，失踪宣告が行われたが，失踪者が生存すること，又は宣告と異なる時に死亡したことが証明されたときは，家庭裁判所は，本人又は利害関係人の請求により，宣告を取り消さなければならないと定めます。宣告が取り消された場合には，原則として従来の法律関係は復活します。

例えば，甲土地を所有する夫Aが失踪し，妻Bの申立てによりAの失踪宣告が行われ，妻Bが甲土地を単独で相続したとします。失踪宣告が取り消されると，BがAから相続した甲土地は，元のAの所有となります。ところが，Aの失踪宣告が取り消される前に，既にBが自己の物として甲土地をCに売却していた場合，BがCと行った甲土地をめぐる売買契約がどうなるか問題になります。この場合，第32条1項後段は，Cが善意であれば失踪宣告の取消しの効力はCに及ばないと規定しています（ある事実を知らないことを「善意」という）。したがって，Aの生存または宣告と異なる時期に死亡していることを知らないCは，甲土地をAに返還する必要はないという扱いになります。その上で，甲土地が失踪宣告の取消しの前あるいは後でCからさらにDに売却されたときは，どのような扱いになるのか問題となります（第2部8の「失踪宣告の取消し」を参照）。

## 5 同時死亡の推定（第32条の2）

第32条の2 （同時死亡の推定）

第32条の2は，相続関係にある者の死亡の先後が不明の場合「同時に死亡したものと推定する」ことによって，推定死亡者間には相続は生じないと定めました。相続が生じないということは，相続人となるはずであった者が同時に死亡したため，死亡した者の間では相続されないことを意味します。ただし，相続人となるはずであった者に子（被相続人の孫）があるときは，その子が相続します（第887条2項）。これを代襲相続といいます。第887条2項は「相続開始前に」と規定していましたが，1962（昭和37）年に「相続開始以前に」に改正されたことにより，同時死亡の場合にも代襲相続が認められることになりました。

第32条の2は，大震災等で生死不明となった場合に，相続関係者間で紛争が発生することを防止するため規定されました。例えば，夫Aと長男Cが同一事故で死亡し，Aの妻BとAの父母又は兄弟Dらが相続人となった場合，

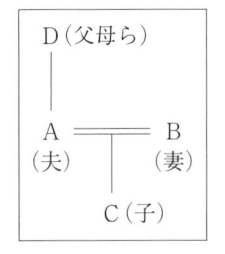

ACのどちらが先かで相続分が異なります（第900条）。AがCより先に死亡したときは，BがAとCの財産の全額を相続します。これに対して，CがAより先に死亡したときは，Dが父母の場合は3分の1・Bが3分の2となります（DがAの兄弟ときはDが4分の1・Bが4分の3）。BがA全財産を支配した場合，Dら裁判を起こす側が，これを否定する事実の証明責任を負うため，証明することが困難なときは，事実上財産を先に占有した者が早い者勝ちになり，醜い遺産争いが起こる可能性があります。伊勢湾台風（昭和34年，死者行方不明者5101人）等で多数の死者が出て相続関係が問題となったこともあり，これを予防するために，昭和37年に民法32条の2が新設されました。

第32条の2の適用範囲は，死亡の先後が不明な場合です。すなわち，①ABがともに同一の危難で死亡の先後が不明の場合，②異別の危難で死亡の先後が不明の場合，③一方の死亡時期が明確で他方の死亡時期が不明だが死亡の先後が不明の場合に適用されます。したがって，共同の危難による死亡の場合に限られません。

なお，同時死亡の推定は，死亡が同時でないことが証明されれば覆り，その事実に従って相続されることになります。しかし，船舶事故，航空機事故，大震災による被災，自動車事故等では，どちらが先に死亡したかを証明することが困難な場合があります。

以上の私法上の制度とは別に，公法上の制度として認定死亡という制度があります。死亡届を出すためには死亡診断書か死体検案書の添付が必要となります。しかし，例えば，近海で漁船が転覆して船員が行方不明となり，死体が発見されないが死亡したことが確実であるとみられる場合は，死亡届に必要な添付書類を作成することができません。そこで，その事故を調査した官庁又は公署が死亡と認定して死亡地の市町村長に報告する制度が，認定死亡です（水難のほか，震災，航空機事故等）。認定死亡は，裁判所による失踪宣告を待たず，法律上の死亡の効果が発生します。ただし，生存の証明によって効力を失います。

---

第2部「セカンドステップ」で勉強すること
　5　胎児を当事者として為された行為の効力は，どうなるのか。
　6　後見制度の実態，実情について。

第 1 部　ファーストステップ

7　制限行為能力者の詐術は，どのように判断されるのか。
8　失踪宣告の取消しにより生じる問題は，どのように考えればよいか。

# 第3章　法　人

　第3章は，法人として，第2章の自然人以外に，権利を有し義務を負うことができる主体としての団体・財産について定めています。具体的には，①法人の成立，②法人の能力，③法人の管理，④法人の解散です。もっとも，平成18 (2006) 年の民法改正で，③と④は民法典から外されて「一般社団法人及び一般財団法人に関する法律」として特別法が定められました（略して「一般法人法」という）。したがって，現在の民法典では，①と②のみが定められています。

　人が社会活動を行うに当たり，集団を形成することが有利・有益な場面は多くあります。そこで，私的自治（活動）の一環として，団体を設立することが社会では重要となります（憲法第21条は「結社の自由」を，第28条は「団結権」を，第29条の「財産権」よりも前に規定している）。また，団体の構成員が入れ替わっても集団としての個性や独自性が維持されて継続する団体も多く存在します（代表例は会社）。そして，このような団体が団体名で取引を行い，財産を得た場合は，構成員個人ではなく団体としての行為であるから，団体自体が権利・義務を取得し，構成員の個性や行動あるいは財産とは切り離すことが，実態を反映しています。そこで，団体に対し，あたかも自然人のように法的主体つまり財産や権利・義務を持つことができる権利能力を与える制度を作りました。これが法律上の人＝「法人」の制度です。具体的には，例えば，法人の一種である株式会社の借金は会社が負担し，会社の財産では全額を返済できないとしても，会社の構成員（株主）は個人財産から返済する必要がありません。以上から，法人制度は，実態を反映させるための法技術です。

　ところで，赤ちゃん同様に，権利の帰属を認めることと，自ら財産管理や取引を行うことは別問題です。したがって，法人には必ず「意思決定機関（理事）」が必要です。また，法人と雇用契約を結んで労働する者は「従業員」であり，法的には社員とはいいません（社員＝会社の構成員とは出資者のこと）。

したがって，自然人に対応させると，法人は，理事を頭，従業員を手足として，取引や活動を営む社会的な存在です。

### 第33条 (法人の成立等)

第1項は，法律規定による根拠があるときだけ法人になれるという「法人法定主義」を定めます。「この法律」の具体例として第35条（外国法人）・第951条（相続財産法人）が，「その他の法律」の具体例として一般法人法があります。

第2項は，公益や営利を目的とする法人を申請等の手続によって設立する場合を定めます。具体例として，公益法人法，会社法があります。したがって，法人となるには必ず法律上の根拠が必要であり，個人の意思表示（勝手な宣言）だけでは法人となることはできません。なお，どのような団体に，どの程度の基準を用いて法人として認めるかは，立法政策の問題です（「法人の種類」につき第2部9を参照）。

その上で，実態は法人と同様の存在であるが法人設立の手続きをとっていない地域の自治団体やサークル団体等につき，形式的理由から法人同様の扱いを全く否定するかどうかが問題となります（「権利能力なき社団」につき第2部10を参照）。

### 第34条 (法人の能力)

第34条は，団体を特別に法律上の人と扱うため，法人の能力を限定する規定です。したがって，法人のした行為を否定したい者は，その行為が法人の目的の範囲外であることを立証することができれば，その行為は無効と扱われます。また，第34条は，会社法の基礎ともなります。したがって，営利を追求する法人である会社の目的も限定的に解するのか，幅広く解するのか，また他の法人はどう解するのか等の問題が生じます（「法人の目的の範囲」につき第2部11を参照）。

### 第35条 (外国法人)

第35条は，外国法に準拠して設立された法人の扱いを定めており，自然人に関する第3条2項に相当します。なお，外国法人が日本で活動する方法として，日本人や日本の法人を代理人(店)とする方法もあります。

第3章　法　人

[第36条] (登記), [第37条] (外国法人の登記)
　第36条は，法人に登記をすることを求めています。この登記は，法人登記といわれます（厳密には設立登記）。また，第37条（外国法人の登記）は，特に外国法人の場合の登記を定める規定です。登記をしたときに設立されるという条文ではないため，登記は法人の存在という効力を発揮するために必要な事実です（「効力要件」という）。なお，登記とは登録制度のうち，法律上特別な効力が与えられている場合に用いられる言葉です（第177条が代表例）。
　法人は自然人とは異なり肉体が無いため，特定するためには，①目的，②名称，③所在場所，④代表者の氏名・住所が最低限必要です。また，団体としての組織活動の根本規則が定められます（「定款」という）。その上で，法律上の人としての存在を公に示す（「公示」という）ために，先の①から④や定款を法務局に届け出，公の帳簿に記録し，誰でもその帳簿を閲覧することができるようになっています（第37条・一般法人法第301条参照）。なお，法人登記は，主体・組織に関する登記であり，第177条の「不動産登記」，動産・債権譲渡特例法の登記は客体・財産に関する登記であり，異なる役割の制度です。

[第38条から84条] (法人の設立・管理・解散に関する規定)
　法人制度の改革により，法人に関する主要な規定は「一般法人法」という特別法として制定されました。これに伴って，平成18年の民法改正で，一般法人法に規定が移された条文が民法典から削除されました。なお，改正前の民法典は公益法人を対象として規定しており，公益法人と認められるには所轄官庁の厳格な審査を通過する必要がありました。法人制度改革後は，一般法人となるには簡易な手続とし，その後に公益法人となるときには厳格な審査を要求しています。したがって，これまで民法が対象としてきた公益法人の問題はなお存続しています（第2部9「法人の種類」，10「権利能力なき社団」を参照）。

---

第2部「セカンドステップ」で勉強すること
　9　法人の種類——法人にどのようなものがあるか。
　10　権利能力なき社団とは，どんな団体であり，どのように考えればよいか。
　11　法人の目的の範囲（第34条）は，どのように判断されるのか。
　12　一般社団法人及び一般財団法人等の法的責任関係は，どのようなものか。

# 第4章　物

　第4章は，権利の客体の中でも，物についてのみ定めています。具体的には，①物の定義，②不動産と動産，③主物と従物，④元物と果実です。物は，物権だけでなく，債権にもかかわりを有するものです。そこで，物については，民法全般に共通する基本的事項として，総則編に規定が置かれています。

## 1　民法における物（第85条）

[第85条]（定　義）

　第85条は，「物」を有体物と定めます。一般に，有体物とは，「空間の一部を占める外界の物質」と説明されており，支配が可能である固体・液体・気体をすべて含むものと考えられています（学説における通説）。以上から，民法上の「物」には，無体物，つまり権利や著作物等の知的財産などが含まれないことに注意する必要があります（「権利の客体と物」について第2部13を参照）。

## 2　不動産と動産・無記名債権（第86条）

[第86条]（不動産及び動産）

　第1項は，「土地及びその定着物」を不動産とし，第2項は，「不動産以外の物」をすべて動産と定めます。また，第3項は，無記名債権を動産とみなし，動産と同じ扱いをすることを予定しています。

　不動産と動産の区別は，主に，物権や債権との関係で，その分類に対応した定めが置かれていることから重要となります（例えば，物権では，第177条，第178条等。「不動産と動産」の詳細は第2部14を参照）。

　① 不動産（第1項）
　第1項は，不動産を「土地及びその定着物」と定めるのみです。したがって，個別・具体的なことは，解釈等によって明らかにする必要があります。

第1部　ファーストステップ

まず,「土地」が不動産であることは明らかです。しかし, 取引社会の中でも重要となる「所有権（第206条）の目的物としての土地」がいかなるものであるかは, 第86条だけでは明らかとなりません。物権（所有権）には,「1つの物の上には1つの所有権しか成立しない」という原則（「一物一権主義」という）があることから, 土地の所有権を考えるにあたっては,「1つの土地の範囲」を定める必要があることに注意が必要です（詳細は第2部14を参照）。

次に, 土地の「定着物」も不動産であることは明らかですが, 第1項では, それ以上のことは明らかとなりません。一般には,「定着物」とは,「土地に付着させられ, かつ, その土地に継続的に付着させられた状態で使用されるのがその物の取引上の性質と認められるもの」と説明されています。土地の定着物についても, 取引社会における意義を考慮すると, 所有権との関係を考える必要があります。例えば, 土地に植栽された樹木（仮植えのものは除く）は, 土地の定着物にあたり, 原則として,「土地の一部」として取り扱われます。これに対して, 建物も土地の定着物ですが, わが国の民法では, 建物は, 土地とは別個・独立の不動産として, 独立の所有権の目的物になります（直接このことを定める条文はないが第370条に注意）。

以上から, 総則では, 不動産につき単に定義を述べるだけであり, それらが取引社会でどのように取り扱われるのかは, 物権法のルールや取引慣行等を考慮して考える必要があります。

② 動　産（第2項）

第2項は, 不動産以外の物（有体物）をすべて動産と定めています。したがって, 民法にいう動産には, 多種多様な物が含まれます。この本も動産の1つですし, 携帯電話といった電子機器, 自転車, 自動車等, さらには金銭（貨幣）もすべて動産に含まれます。ただし, 民法の動産に関する規定が, すべての動産に適用されるというわけではなく, 登録制度のある自動車のように, 特別法やその動産の特殊性から特別な扱いをされる動産があることに注意する必要があります。

③ 無記名債権（第3項）

第3項は, 債権の中でも無記名債権について, それを動産とみなすと定めま

す。無記名債権につき，民法は定義規定を置いていませんが，一般には「債権者を表示せず，債権の成立・存続・行使がその証券によってなされる債権（例えば，商品券，乗車券等）」等と説明されています。

　無記名債権も債権の1種ですから，本来，有体物ではなく，動産ではありません。しかし，無記名債権は，必ずその債権を化体する証券（紙面）を伴うものであり，無記名債権は，その証券を所持する者（事実上，その物を自身の支配領域内に置いている者）を債権者として扱う性質の債権です。そこで，民法は，動産の形をとる証券の方に注目して，無記名債権を動産とみなし，法的に動産と同じ取り扱いをするようにしたわけです（原則的に，動産に関する民法の規定が適用される）。

## 3　主物と従物（第87条）

[第87条]（主物及び従物）

　第1項は，主物と従物の区別を定めます。例えば，ある物（以下，甲とする）の所有者Aが，甲の常用に供するため，Aの所有するまた別の物（以下，乙とする）を甲に附属させたとします。この場合，第1項によると，Aが甲に附属させた「乙」が，従物ということになります。なお，第1項自体は，主物という語を用いていません。しかし，第2項との関係から，従物である「乙」が附属することになった「甲」を主物といい，民法は，従物と区別します。主物・従物の具体例としては，建物（主物）とそれに附属する畳建具（従物）がよく挙げられます。

　第2項は，従物は主物の処分に従うと定めます。処分とは，譲渡や放棄を意味します。したがって，前述の例では，甲の所有権をAがBに譲渡した場合には，その従物である乙にも，その譲渡の効力が及び，従物である乙の所有権も自動的にBに移転することになります。第2項の規定の趣旨は，多くの場合，主物・従物という関係にある物の処分は，主物が処分されれば，その常用に供されるために附属させられた従物も，当然に一緒に処分されると考えるのが当事者の合理的な意思だからだと説明されてきました（なお，社会経済上の効用を根拠にする説もある）。つまり，第2項は，そのような当事者の意思を推定した規定であって，（意思）解釈規定と考えられています。したがって，当

31

事者がそれとは異なる意思（例えば，主物は譲渡するが，従物は譲渡しないという意思）を有することが明らかなときには，当事者の意思に従った処分（主物のみの譲渡）として扱われます。

以上のように，民法は，主物と従物を明確に区別し，その処分について定めることから，実際には，何が主物で，何が従物にあたるかを判断する必要が出てきます。その際の基準は，第1項です。つまり，(a)(従物が)主物の常用に供されるものであること，(b)主物と従物の所有者が同一であること，そして，(c)従物が主物に「附属した」と評価される状態にあることです。なお，附属した物が主物の一部（「構成部分」という）になってしまうと，そもそも主物そのものになります。そうすると，(d)従物が主物から独立した物であるということも必要となります（「主物と従物」につき第2部15を参照）。もっとも，構成部分でも従物でも，主要部分あるいは主物の処分に従うという結論は変わりません。以上から，従物という概念は，物理的に一体となっていない物でも一体として扱うことを可能にする法技術です。

## 4 元物と果実（第88条・89条）

[第88条]（天然果実及び法定果実）

第1項は，「物の用法に従い収取する産出物」を天然果実と定めます。元物が言及されるのは第89条1項であり，それは果実を産み出す元となっている物のことをいい，民法は，元物と果実を区別します。天然果実の具体例としては，果樹（ミカン・リンゴ等の木）になった果物（ミカン・リンゴ等）や乳牛から搾り取られた牛乳，採石場から採掘された石等があります。なお，天然果実にいう元物の「用法に従い」とは，「元物の経済的目的に従って」という意味であると解されています（土地からたまたま得られた石は果実ではない）。

第2項は，「物の使用の対価として受けるべき金銭その他の物」を法定果実と定めます。例えば，Aがその所有する土地をBに貸し出して，その見返り（対価）として使用料（金銭）を受け取っていたときは，土地が元物であり，Aの受け取る金銭が法定果実にあたります（具体的には，土地の賃貸借（第601条）であれば，その賃料（地代または借賃ともいわれる））。

ところで，物を使用することによって得られる利益のことを「使用利益」と

いいます。第88条の定める果実に照らしてみると、確かに、使用利益は、果実ではありません。しかし、判例・学説は、使用利益を果実に準ずるものとみて、同様に扱っています。

第89条 （果実の帰属）

　第1項は、天然果実は、それが元物から分離する時点で、それを収取する権利を有する者に帰属すると定めます。第2項は、法定果実は、それを収取する権利の存続期間に応じ、日割計算で、果実収取権者が取得すると定めます。

　以上から、果実の帰属については、第89条にいう「収取する権利（「果実収取権」という）」とは何かが重要となります。果実収取権の代表例は、所有権（第206条参照）です。第88条で述べた例で考えると、元物である果樹、乳牛、土地の所有者が果実収取権者となります。もっとも、第89条が（果実を）「収取する権利」とすることからも分かるように、果実収取権(者)は、（元物の）所有権(者)に限定されるわけではなく、その他に、賃借権（第601条）、地上権（第265条）等も挙げられます（さらに、善意占有者の果実収取権につき第189条1項、売買契約における果実の売主への帰属につき第575条1項にも注意。）。

---

第2部「セカンドステップ」で勉強すること
　13　権利の客体と物は、どのような関係にあるのか。
　14　不動産と動産、特に不動産の法的な扱いについて。
　15　主物と従物とは、何のためにある概念なのか。

# 第5章　法律行為

　第5章は，意思表示を要素とする法律行為（契約等）について定めています。具体的には，①総則（第1節），②意思表示（第2節），③代理（第3節），④無効及び取消し（第4節），⑤条件及び期限（第5節）です。

　民法は自然人及び法人を権利の主体とし（第2，3章），物を権利の客体と定めています（第4章）。そして，主体や客体は常に固定的ではなく，日常の経済取引等によって個人から会社へ，会社から会社へ，さらに会社から個人へと変動します。この権利変動を基礎（原因）づけるのが法律行為（契約等）です。つまり，法律行為とは，人間のさまざまな行為の中でも，意思表示によって何らかの法的効果を伴う行為（例えば，一定の代金を支払って一定の物の所有権を取得するという効果を意図する意思の表示）をいいます。したがって，単に習慣，道徳，宗教等によって規律されるにすぎない行為は，法律行為に含まれません。また，催告（第20条・153条）のように一定の意識内容の表現行為はあるが，意思ではなく法律規定によって直接に法的効果が生じる場合があります（権利変動を意図しないので「意思の通知」や「観念の通知」といい「意思表示」と区別される）。これらは「準法律行為」といい，第5章第2節の意思表示の適用がない点で法律行為と区別されます。

　なお，法律行為は，行為の当事者によって，売買契約等のように買主の意思表示と売主の意思表示の双方が合致することが必要な「双方行為」，取消しや解除のように一方の意思表示のみによって効力が発生する「単独行為」，会社設立等の同一目的に向けて数人が共同して意思表示をする「合同行為」に分類されます。もともと，法律行為という概念は契約以外の存在も説明するための概念です。したがって，厳密には異なりますが法律行為と契約はほぼ同じ意味と考えて構いません。また，契約とは約束のうち最終的には裁判所によって内容が強制可能なものを指します。つまり，約束と同じく契約も申込みと承諾で成立するのが原則です（契約書の作成は意思確認を確実にするため）。

第1部　ファーストステップ

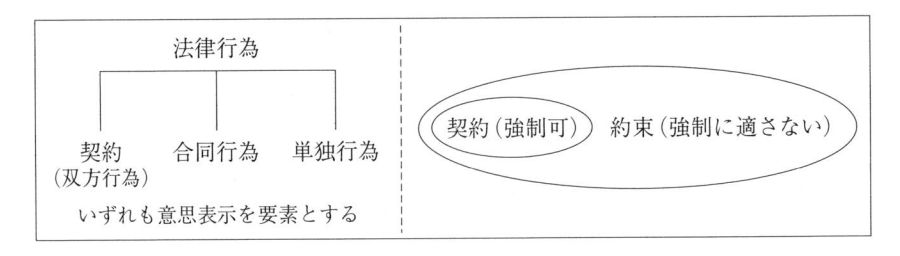

```
        法律行為
    ┌──────┼──────┐
   契約   合同行為  単独行為     ( 契約（強制可）  約束（強制に適さない) )
  （双方行為）
   いずれも意思表示を要素とする
```

## 1　総　則（第90条から92条）

　第1節は，法律行為（契約等）に共通する効力を規定しています。法律行為が有効に効力を生じるためには，①当事者が意図した内容が明確であり，②その内容が実現可能であり，かつ，③適法であること，が必要です。①については，内容を確定するために当事者の意思の探求が問題となります。規定がない場合や規定があっても内容が明確でない場合には，妥当な結論を導くために解釈によって修正や補充をすることが必要になり，その拠り所になるのものとして，慣習，任意規定，条理等があります。②について，契約の内容が実現できない場合には法律行為として最初から効力を認める必要はないから，無効になります（信義則上の義務等が発生する余地はある）。この無効を原始的無効といいます。

　以上のような意思表示の内容が明確で実現が可能であるとしても，すべて当事者の合意どおりに効力を認めることが適切でないときがあります。③について，適法性を欠く例の第1は，強行規定に違反する場合です。強行規定とは，例えば未成年者を保護するために与えられた取消権（第5条2項）を行使しない特約があったとしても，このような法令に違反する行為（合意・特約）には法律上の効力を認めないとする規定であり，物権法，親族法，特別法に多くみられます。第2の例は，取締法規です。取締法規は，例えば飲食店で食中毒が発生した場合に保健所等（国や地方公共団体）が業者の行為を規制（立入検査，改善命令，営業停止等）するもので，原則として，飲食店とお客の契約には影響を及ぼしません（つまり，代金は払う必要がある）。しかし，食中毒は人の生命・身体・健康に対して重大な被害を与えるものですから，一定の場合に私法上の契約も無効となります。このような規定を「効力規定」といいます。さら

36

に，悪質な業者がこの法律違反を回避するために行う行為を脱法行為とよび，無効となります。例えば，年金担保貸付の禁止を回避するために受領委任を受けたり，年金手帳を預かるような場合です。

[第90条]（公序良俗）
　第90条は，公の秩序や善良な風俗に違反する法律行為（契約等）は，無効であると規定します。例えば，賭博(とばく)に負けた人が勝った人にお金を支払うと約束したとしても，この約束の効力を認めると，結果的に法律が賭博を支援することになります。そこで，賭博という「公の秩序」に反する行為に基づいて行った約束を無効にすることにしています。「公の秩序」とは国家的秩序を，「善良の風俗」とは社会的秩序を意味します。もっとも，「公序」か「良俗」かは，厳格に区別する必要はないといわれています。いずれも，その趣旨は，社会的妥当性を欠く行為について法律上の効力を否定して，その行為の実現には国家（法律）は協力しないということにあります。
　第90条は，抽象的で，かつ，要件等が規定されていないため，「一般条項」とよばれています。ところが，何が公序良俗違反に該当するかしばしば問題となるため，学説は，従来の裁判例を整理し，公序良俗違反行為を類型化して，その該当性を判断しています。

① 犯罪・違法行為に関する特約　　保険金殺人契約，大麻取引，ピストルの売買等は法律に違反する犯罪行為であり，このような契約をしたとしても無効です。また，その対価に関する特約も無効になります。法律上は，売って渡したピストルを返せともいえないし，その代金を払えということもできません。

② 財産秩序を乱す行為　　他人の無思慮・窮迫(きゅうはく)に乗ずるような行為で，振込め詐欺，現物まがい商法，不適正勧誘取引等のような悪質商法，ヤミ金融のような暴利行為，個人の営業の自由を過度に制限するような行為，使用者が被用者に対して，又は元請企業が下請企業に対して優先的地位を強いるような行為がこの類型に該当することになります。

③ 人倫(じんりん)・基本的人権に反する行為　　例えば愛人契約のような性的不倫関

係，配偶者のある者との婚姻予約，母子が同居しないという契約のように情義に反する行為，法の下の平等に違反するような差別行為，男性の定年は60歳で女性は55歳というように労働者の基本的権利を侵害するような会社の就業規則（雇用契約）等がこの類型に該当します。

以上のように，ある契約（特約，条項）が公序良俗違反に該当した場合，次はその効果が問題になります。原則としては，契約の全部が無効になります（全部無効）。ただし，契約の一部の条項のみが公序良俗違反に該当する場合には，その当該条項のみが無効となり（一部無効），他の条項や契約全体は有効となる場合と，他を有効とすることが妥当性を欠くため契約全体が無効になる場合とがあるので注意が必要です。

第90条の無効は，義務者からだけではなく相手方からも無効を主張できます（「絶対的無効」という）。ただし，殺人の動機を秘めて包丁を購入する場合のように，その動機のみが公序良俗に違反するときは，相手方がその動機を知らず，かつ，知り得べきときにあたらない場合には，無効になるとは限りません。

さらに，第708条は「不法な原因のために給付をした者は，その返還請求はできないが，不法な原因が受益者にのみあるときは，この限りでない」と規定しています。したがって，相手方の不当な行為によって弁済した義務者は，その不法原因が相手方にのみあり，かつ，すでに支払っていたものがある場合には，その返還を請求できることになります（無効については第2部28・29を参照）。

[第91条]（任意規定と異なる意思表示）
第91条は，法律行為の当事者が法令中の公の秩序に関しない規定と異なる意思を表示したときは，その意思に従うとして，民法の規定が任意規定の場合には，当事者の特約が民法の規定に優先して効力を有すると定めます。

任意規定とは，当事者がどのような合意をしたのか不明な場合に民法の規定によって権利義務を決するための規定です。したがって，当事者の合意があればこれと矛盾する民法の規定は適用されないことになります。例えば，第404条は利息を年5％と規定していますが，当事者が契約で利息を年3％と決めていれば，当事者の合意が優先するということです。

これに対して，強行規定は，前述のように，当事者の合意によって変更することができない規定です。また，事業者の行為を規制するための取締規定も効力規定に該当する場合は，当事者の合意によって変更できません。したがって，第91条の公の秩序に関しない規定における「公の秩序」には，第90条の公序良俗だけではなく，これらの特別法の効力規定も含まれます。

[第92条]（任意規定と異なる慣習）

　第92条は，当事者の合意内容が不明確な場合に，慣習があれば，それが強行法規等に違反しない限り，その慣習がその契約の解釈の標準とされることを定めます。第92条の慣習とは，その意思表示（契約）が行われた取引社会（地域，産業，職業等）における慣習を指し，これを「事実たる慣習」とよんでいます。この事実たる慣習は，公の秩序や強行規定等に反するものであってはならず，当事者の主張・立証をまって適用されるものですが，必ずしも当事者がその慣習の存在を知っていることを要しないとされています。

　この「事実たる慣習」に対する概念として，慣習法があります。慣習法は，裁判所が法律を補充又は修正するために創造した解釈規範（判例法）として法類似の効力を有するに至った慣習であり，法適用通則法第3条によって法律と同一の効力が認められています。

## 2　意思表示（第93条から98条の2）

　第2節は，法律行為（契約等）の要素としての意思表示につき，①無効となる場合，②取り消すことができる場合，③相手に届くのに時間がかかる場合，④公示の方法によって意思表示をする場合，について定めています。

　「自らを拘束できるのは自らだけである」という私的自治や自己決定の考え方からすると，意思を基礎とする意思主義とは「本人の意思」を意味しそうです。例えば，嘘や冗談あるいは間違いによる意思表示の場合は本人の「意思がない」から，権利・義務につき，そもそも検討する必要がないように思えます。しかし，本人の意思を聞いた「相手方」は，本人が本気なのか嘘なのかは，全く判断しようがありません。王様が主役（主権者）の社会であれば，王様の意思だけが優越しますが，現在は各人が対等ですから（権利能力の平等），意思表

第 1 部　ファーストステップ

示をした本人も表示を受けた相手方も，対等に扱う必要があります。したがって，民法にいう意思主義とは，とりわけ資本主義における民法では取引という点から，本人の意図が絶対ではなく，相手方からどう見えるか（受け取るか）という両者の「調整」を制度設計の基礎に置いています。つまり，意思表示（意思＋表示）にいう意思とは，純粋な本人の意図が貫徹されるのではなく，「表示から推断される意思」となります（「意思表示の構造」につき第 2 部 16 を参照）。

そこで，93 条から 98 条の規定は，「意思表示は，……」と表現して，なされた意思表示の効力（有効・無効・取消可能）を規定しています。なお，特別法である消費者契約法においても，独自の無効，取消しが定められています。

◆ 1　意思表示が無効となる場合（第 93 条から 95 条）
〔第 93 条〕（心裡留保）
　第 93 条は「意思表示は……効力を妨げられない」と規定します。したがって，例えば，真意ではないことを自覚した嘘や冗談による契約の申込みや承諾の意思表示は，そのままの内容で効力を有することになり，契約は成立すると扱われます（法的には効力がある＝「有効」という）。つまり，本当でも嘘でも，なされた意思表示は「表示どおりの意味で通用する」のが原則です（「意思表示の構造」につき第 2 部 16 を参照）。

その上で，第 93 条は，例外として「ただし書き」で「意思表示は無効」の場合を規定します。したがって，無効を主張したい者（例えば意思表示をした本人）が，①意思表示が表意者の真意によらないこと，②表示と真意の不一致を表意者が知っていること，③前記①につき相手方が知っている（悪意）または知らないことに落ち度（過失）があること，の立証に成功すれば，なされた申込みや承諾の意思表示は「効果が無い（無効）」として無視され，契約は不存在という扱いになります。つまり，第 93 条は「表示」に対する相手方ひいては社会における取引への信頼を保護するため，表示重視を原則としつつ，例外的に本人の意思も保護するという立場を採っています。以上から，第 93 条は，実際には「ただし書き」に意味があります。また，「ただし書き」は後述する代理権濫用の場合で問題となります（「代理権濫用」につき第 2 部 21 を参照）。

第5章　法律行為

[第94条]（虚偽表示）
　第1項は，本人と相手方の間に通謀があるので第93条ただし書きと似ている場面ですから，「意思表示は無効」と規定します。したがって，無効を主張したい者が，①意思表示が表意者の真意によらないこと，②表意者と相手方が通謀していること，の立証に成功すれば，例えば契約の申込みと承諾の意思表示であれば，その意思表示は無視されるため，契約も不存在という扱いになります。この場合，示し合わせてなされた意思表示は単に「（虚偽の）外形行為」に過ぎません。つまり，本人に意思もなく，かつ，本人のした意思表示に対する相手方の信頼を保護する必要が初めから存在しないのです。

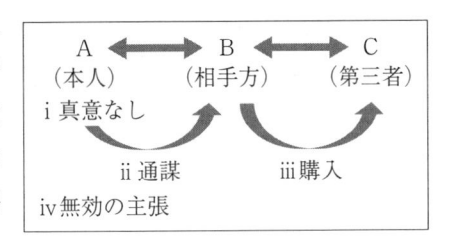

```
A  ←→  B  ←→  C
（本人）（相手方）（第三者）
ⅰ真意なし
　　　ⅱ通謀　　ⅲ購入
ⅳ無効の主張
```

　第2項は，第1項で「無効とする」ことが「できない」場合につき特別に項を改めて規定します。例えば，本人Aと相手方Bが通謀した本人の財産隠しの契約（作出された虚偽の外形）が行われた場合，第三者Cからは，本人Aの財産が売買や贈与によって相手方Bの財産になったとしか見えません。そして，「作出された虚偽の外形」を前提として，新たに第三者Cが相手方Bから，その財産を購入してしまうこともあります。しかし，第94条1項によると本人Aがした意思表示が無効である以上，相手方Bは本人Aから権利を取得していませんから，BC間で売買契約自体は締結できてもCへの権利の移転という結果が生じることはありません（「無権利の法理」という）。したがって，①第94条1項により，本人Aは第三者Cに対し，本人Aと相手方Bの行為が無効であるから本人Aが権利者であるとの主張自体は可能です。これに対して，第三者Cが本人Aの①の主張を受け入れないときは（受け入れることは自由），②第94条2項により，第三者Cが自身は「AB間が通謀虚偽表示であることを知らなかった（善意）」との立証に成功すれば，本人Aによる無効主張が制限され，結果として，善意の第三者Cは，相手方Bと有効な法律行為（契約等）をした，という扱いになります。つまり，第94条2項は，意思表示に対する信頼が保護される対象者に，直接に意思表示を受けた相手方だけでなく，善意の第三者を含めることで，社会における取引への信頼を保護していま

41

第1部　ファーストステップ

す。具体的には，本来の無効とは全員にとって無効となるはずですが，善意の第三者だけは除外して本人と相手方の間には有効な意思表示があったと扱われる，つまり，「人別」に取り扱うことを規定したのです（法は一つの事実に関して人別に影響力の違いを認める）。以上から，第94条2項の「第三者」とは当事者以外という字句的な意味ではなく，「意思表示が有効であることを信頼して新たに法律関係に入った第三者」という意味になります（用語の解釈の一例）。

なお，相手方が本人からいわば預かった財産を勝手に処分したことは許し難いことですが，これは本人と相手方の問題であり，第三者がその財産を取得できるかどうかとは別の問題です。また，不動産であれば，不動産登記に所有者の「登記」がなされますが，所有権の裏付けのない形式的な登記を信頼して取引をしても，「無いものは無い」として，所有権を取得することはできません（「登記に公信力がない」という）。しかし，本人から相手方に所有権移転登記がなされることが通常であることから，第94条2項で保護される善意の第三者の信頼の対象となる「（虚偽の）外形行為」とは，「（虚偽の）登記」を含むことになります。したがって，第94条2項は，結果的には登記に公信力があるのと同じ機能を果たしています（動産には第192条（即時取得）で公信力が認められている）。本人に原因がある以上，善意の第三者保護が優先されるからです（このような考え方を「権利外観法理」あるいは「表見法理」という）。

ところで，例えば，本人あるいは相手方が一人で勝手に意思表示（契約）という外形行為を作り出した場合において，第三者が作られた虚偽の外形を基に新たに取引関係に入ったときは，本人と相手方の間に意思表示や通謀があるとはいえないため，第94条2項は適用できません。しかし，本人に原因や一定の関与がある場合は，第三者との関係で，この状況をどう扱うのかが問題となります（「第94条2項の類推適用」，「第94条2項・110条の類推適用」につき第2部17・18を参照）。

第95条（錯誤）

第95条は，意思表示が無効となるのは「法律行為（契約等）」のすべての錯誤（勘違い）ではなく，「要素（重要部分）」に限定します（「意思表示の構造」につき第2部16を参照）。したがって，意思表示をした者が，①意思表示は勘違

いによるものであること，②その勘違いは法律行為（契約等）の重要部分に関するもの，との立証に成功すれば，契約の申込みや承諾の意思表示が無視できる結果，当該契約が不存在と扱われます。つまり，第95条は，前提事情や枝葉の部分の間違いであれば意思表示は有効のままを原則とします。

　その上で，第95条は，例外として「ただし書き」で本人による無効の主張が封じられる場合，つまり意思表示が有効となる場合を規定します。したがって，意思表示をした者が「要素の錯誤」の立証に成功したとしても，さらに相手方が③表意者の重過失の立証に成功すれば，本人からの第95条による無効主張が否定されます。つまり，第95条は，本人に限定的な保護を与えることを原則として，例外的に「表示」に対する相手方ひいては社会における取引への信頼を保護するという立場を採っています（条文の構造は第93条と同じだが，本文とただし書きの内容が逆になっていることに注意）。

　第95条を正確に理解するためには，条文の表現である法律行為（契約等）と意思表示の関係に注意する必要があります。まず，①表示の勘違い（書き間違い等），②内容の勘違い，は法律行為の錯誤となります。問題は③動機です。例えば，本人が宝石商に対して「彼女が喜ぶと思って指輪を買います」と売買の申込み（意思表示）をしたときは，「彼女が喜ぶ」という動機部分は権利変動自体とは無関係なので，民法にいう意思表示ではありません。仮に，この動機部分が本人による「なされた意思表示」にはなり得ても，売主である宝石商が「彼女が喜ぶ」という内容を引き受けなければ，「法律行為（契約等）」の内容ではありませんから，「法律行為の要素」になり得ません。つまり，条文の表現からは見え難いのですが，第95条による意思表示の無効が主張できるのは，「相手方に内容の了解」がある場合だけなのです。その上で，例えば「傷のない宝石だから」という場合等は，動機なのか内容なのかの区別が困難であるため，動機の扱いが問題となります（「動機の錯誤」につき第2部19を参照）。

　さらに，法律行為（契約等）の内容であったとしても，重要部分かどうかはまた別の問題です。要素とは，通常は「成り立たせるもの（部分）」という意味ですが，第95条が表示への信頼保護を踏まえて本人への限定的な保護を与える条文である以上，第95条の要素とは，すべてではなく重要部分に限られ，重要部分とは，「本人が間違わなければしなかった場合（因果関係）はもちろ

第1部　ファーストステップ

んのこと，通常一般人が本人の立場に置かれていたらしなかった場合（客観性）」という意味になります。

　以上から，まず「契約の内容（重要部分）」の確定が先行し，その後に「その契約内容ならば，この意思表示は初めから勘違いによってなされたことになる」と錯誤は事後的に判断されることになります。

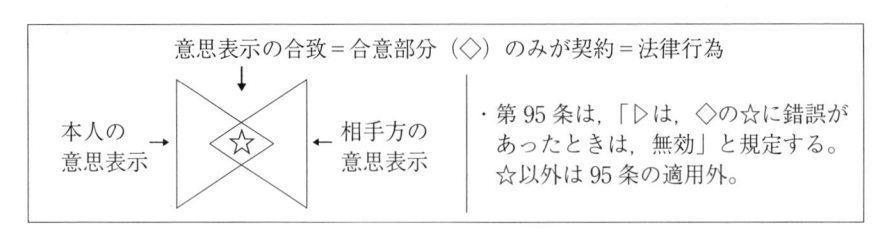

---

意思表示の合致＝合意部分（◇）のみが契約＝法律行為

本人の意思表示　→　☆　←　相手方の意思表示

・第95条は，「▷は，◇の☆に錯誤があったときは，無効」と規定する。☆以外は95条の適用外。

---

## ◆ 2　意思表示が取消しとなる場合（第96条）

第96条　（詐欺又は強迫）

　第1項は，本人が騙されたり強く迫られたことを理由としてなされた意思表示につき，本人が望めば取り消すことを認めます。意思表示を取り消した場合は初めから無効だったと扱われます（第121条）。したがって，騙されたり強く迫られてした契約の申込みや承諾につき，本人が取り消すという意思表示を行ったときだけ，申込みや承諾を無視することができ，契約も不存在と扱われます。つまり，第96条は，第95条と同じく本人に保護を与える規定ですが，「させられた意思表示」であることを理由として，本人保護を認めます。その上で，本人の保護が制限される場合として，第2項が第三者による詐欺を，第3項は新たに取引に入った善意の第三者との関係を定めます。

　第2項は，第三者が本人を騙して相手方に対する意思表示をさせた場合であり，相手方の表示への信頼保護を考えると本人による意思表示の取消しは本来はできないはずですが，取消しを認める場面を規定します。したがって，本人は，相手方が第三者による詐欺を切っ掛けにさせられた意思表示であることを知っていること（悪意）の立証に成功したときに限り，契約の申込みや承諾の意思表示を取り消して，契約の不存在を主張することができる，という扱いになります。相手方が善意の場合は本人の意思表示どおりとなります。その上で，詐欺者である第三者が最終的に責任を負うべきですから，本人が，詐欺者（第

44

三者）に対し不法行為（第709条）の責任を追及することになります。

　第3項は，第94条2項と同じ条文体裁ですから，本人は，新たに取引に入った善意の第三者に対しては，なされた意思表示の取消しを主張することができない，という扱いになります（取消しの遡及効（第121条）の制限）。その上で，本人保護という趣旨とのバランスから，善意の第三者はどの程度の状態であれば保護に値するのかが問題となります（「善意の第三者保護の要件」につき第2部20を参照）。また，第3項は，「前2項の規定による詐欺」と限定するため，第1項の「強迫」は除外されます。したがって，強迫であれば，本人は，相手方にした意思表示を取り消すことで相手方を無権利とした上で，結果として相手方と善意の第三者の間の取引の基礎を失わせて（無権利の法理），今や本人の財産を保持する第三者に対して，返還を請求することができる，と扱われます。

　ところで，私的自治・自己決定からは，他人の発言・態度をどう判断するかは，自分の問題です。また，リップサービスやセールストーク，個人的な感想を伝えること，契約時に怖そうな態度をとること，は行動の自由からある程度は許容されます。そうすると，第96条の対象となるのは「違法な行為」のみです。したがって，詐欺または強迫が成立するには，①行為者の故意，②違法な行為，③欺罔行為による錯誤（詐欺），または強迫行為により恐怖を感じること（強迫）④前記③による意思表示が必要です。特に，①故意は，詐欺で説明すると，「相手方を錯誤に陥れる故意」と「錯誤によって相手方に意思表示をさせる故意」が必要です（「二重の故意」という）。

## ◆ 3　隔地者に対する意思表示・公示による意思表示等（第97条から98条の2）

　第93条から96条までは，本人の自己決定が不自然であった場合になされた意思表示の効力を規定しています。これに対して，第97条と98条は，相手方と直ぐにやりとりができない場合の法的な対処方法を定めます。また，第98条の2は，意思表示を受けたときに一定の精神的能力を満たしていなければ，その者は到達を否定することができると定めます。

　第97条の「その効力」とは，意思表示の内容がそのままの意味を持つとい

第 1 部　ファーストステップ

うことです。つまり，意思表示が発信されただけでは何の意味も持たず，相手方に届いたときに意味を持つということです。そうすると，到達するまでは意思表示を取り下げること（「撤回」という）も認められます。なお，第 97 条は「隔地者」と規定しますが，意思表示の到達に時間がかかる場合の規定ですから，隔地者の意味は物理的な意味ではなく，即時性の趣旨です。したがって，離れていても電話の場合は，第 97 条は適用されません。

　第 98 条は，相手方が行方不明等の場合にも裁判所等の掲示板に掲示することで，意思表示が相手方に届いたと扱う（擬制する）方法を用意しています。法律が意思表示を重視する以上，意思表示ができない事態でも国家が対処方法を用意する必要があるからです。

　第 98 条の 2 は，第 97 条及び 98 条の後に規定されているので，意思表示の到達に時間がかかる場合の規定です（口頭の場合は適用範囲外）。意思表示によって権利変動が起こることから，到達とは物理的に届いたことではなく，意思表示が到達していると判断できる能力者が到達を認識できたとき，と考える必要があります。そこで，未成年者と成年被後見人については，争いたければ到着自体を否定することができます（認めることも可能）。ただし，法定代理人（両親）や後見人が到達を知っていたときは，能力者が判断可能な状態ですから，到達を否定することはできません。なお，第 98 条の 2 は到達の否定を認める規定ですから，制限行為能力者を理由とする取消権とは別の問題です。

---

第 2 部「セカンドステップ」で勉強すること
　16　意思表示の構造は，どのようなものか。
　17　第 94 条 2 項の類推適用とは，どのようなものか。
　18　第 94 条 2 項・110 条の類推適用とは，どのようなものか。
　19　動機の錯誤は，どのように考えればよいか。
　20　第 96 条 3 項の善意の第三者は，どんな者ならば保護に値するのか。

---

## 3　代　理（第 99 条から 118 条）

　第 3 節は，①通常の代理，②例外的に通常の代理と同じ扱いをする場合（「表見代理」という），③代理権なしに行われた代理（「無権代理」という）について，定めています。

私的自治の原則からすれば，人は，自己の生活領域で売買契約等の取引を行う場合，自らが自分の判断で取引を行うことが重要です。しかし，人が，自ら行える取引の数量や活動範囲については物理的に限度があります。また，売買契約の目的物に関する専門知識の有無等により，取引の巧拙もありえます。そこで，民法は，専門知識を有する信頼できる他人（「代理人」という）を自ら選任し，例えば，自己の所有する不動産の売却等の一定事項について任意代理権を授与することにより，その代理権の範囲内で，その代理人のなした意思表示の結果としての売買契約が本人に直接に帰属することを認める代理制度を設けています。これを任意代理といいます。任意代理制度により，人は「私的自治の範囲を拡張」することができます。本人は，任意代理権を授与する以外は何もしません。第2節でみた意思決定と表示行為をするのは代理人です。しかし，本人が与えた代理権の範囲内でのみ任意代理人が行った取引が本人に帰属するということで，本人の「私的自治の原則」との調和が図られています。

　また，代理権が，法律の規定に基づいて発生する場合もあります（「法定代理」という）。例えば，制限行為能力者の法定代理人（未成年者の親権者（第818条・824条等），成年後見人（第838条・843条・859条等），不在者の財産管理人（第25条・28条）等の場合は，親権者や成年後見人等の法定代理人が，これらの制限行為能力者に代わって，法定代理権の範囲内で売買契約等の取引行為（意思表示）を行うことができますが，その契約は制限能力者に帰属することになります。このような法定代理の機能を「私的自治の補充」といいます。

　以上から，代理制度は，行為者（意思決定者）と帰属者（契約の効果や権利義務を持つ）の分離を認める法技術です。

◆ 1　有権代理（通常の代理；第99条から108条）
　第99条（代理行為の要件及び効果）
　第99条は，代理の効果，すなわち，代理人が相手方とした意思表示・合意の効果（帰属）が，やり取りをした代理人と相手方との間ではなく，何もしていない本人と相手方との間に生ずるためには，まず，代理人が，「授与された代理権の範囲内」で意思表示をすることが必要であり，更に，その意思表示をする際に，「本人のためにすることを示して（「顕名」という）」する必要がある

と定めます。顕名は，厳密にいえば，代理人がする意思表示の効果は，代理人自身に帰属させる意思はなく，本人に帰属させる意思をもっていることを相手方に表示する必要性を意味します。例えば，代理人Bが，本人Aから，A所有の甲土地を売却する任意代理権を授与され，代理人Bが，この任意代理権に基づいて，Aのためにすることを示して，相手方Cとの間で甲土地の売買契約が成立すれば，この契約（意思表示）の効果は本人Aと相手方Cとの間に直接に帰属します。すなわち，相手方Cは，本人Aに対し，甲土地を引き渡してもらう権利を直接に取得します。他方，相手方Cは，本人Aに対し，甲土地の売買代金を支払わなければなりません。つまり，相手方Cは，自分がやり取りをした代理人Bに対しては，甲土地を引き渡す権利を持たず，甲土地の売買代金を支払う義務を負いません（なお，商法第504条では顕名が不要と規定されている）。以上から，第2節（意思表示）が成立の問題であるのに対し，第3節（代理）は帰属の問題であることに注意が必要です。

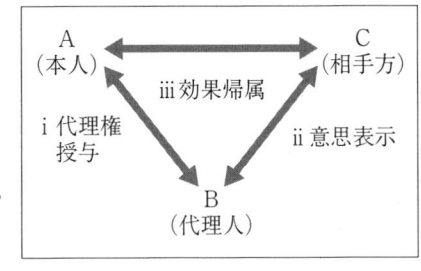

なお，顕名は意思表示の効果の「帰属先」を明確にするために必要とされているので，代理人が本人に効果を帰属させる意図で本人の名前を名乗って，つまり代理人の名前を出さずに代理行為をした場合も，帰属先が明確であるため有効な代理として扱われます。

〔第100条〕（本人のためにすることを示さない意思表示）

第100条は，代理人には本人のためにする意思があっても顕名がなければ，代理人自身のためにした行為とすると定めます。したがって，顕名がなければ，相手方からすると誰の行為か分からないため，原則どおり，行為者自身の行為と扱われます。つまり，代理人は，「本人のためであり自分のためではない」と言い逃れをすることはできず，代理人と相手方との間で意思表示（契約）の効果が生じます。ただし，相手方が，代理人には本人に効果を生じさせる意思があることを知り得た場合には，顕名をしなくても，意思表示の効果は本人に帰

属します（ただし書き）。なお，例えば，店員が店の制服を着ていたり，従業員が会社の名前の入った名刺を出したり，会社名を名乗った上で取引をしている場合は，すべて第99条の顕名があることになり，第100条の問題は生じません。

その上で，「本人のため」つまり本人に効果としての契約が帰属することを示した上でなされた代理行為ではあるが，代理人が自ら又は本人以外の第三者の利益を得るためになされた代理行為が問題となります。例えば，会社Aを本人として従業員Bが代理人として形式的には適切な商品の売却をしたが，Bの代理行為は売買代金を自らが着服する意図でなされた場合等です（「代理権濫用」については第2部21を参照）。

[第101条]（代理行為の瑕疵）
第1項は，本人ではなく代理人が意思表示をする以上，意思が不存在である場合（心裡留保（第93条），通謀虚偽表示（第94条），錯誤（第95条）），相手方から詐欺，強迫を受けた場合（第96条），意思表示の有効・無効または意思表示が取り消すことができるかどうかについては，代理人を基準に決すると定めます。例えば，A所有の甲土地を適当な者を探して売却する代理権がBに授与されている場合，Bには相手方Cに対して売る意思がないのに，売ると言ったとき（心裡留保）に，相手方Cが代理人Bの心裡留保を知り，または知ることができたときは，代理人Bの意思表示は無効となり，A・C間で売買契約の効力は生じません。あるいは，代理人Bが相手方Cに騙されて本人Aの甲土地を売るという意思表示をしてしまったときには，本人Aは意思表示を取り消すことができます。

第2項は，第1項の例外として，本人が知っていた事情が，代理人の意思表示の効力に影響を与える場合を定めます。例えば，本人Aが代理人Bに対し，A所有の甲土地を贈与するようにと，「特定の法律行為」をすることを委託し，代理人Bが，本人Aの指図に従って甲土地を相手方Cに贈与した後に，実は甲土地の地盤に隠れた欠陥があり，地盤沈下したような場合，代理人Bがこの欠陥について知らなかった（善意）としても，本人Aが知っていたとすれば，悪意の本人Aは代理人Bの善意の陰に隠れることはできず，瑕疵担保責任（贈与

第1部　ファーストステップ

契約の解除，損害賠償責任；第551条参照）を負うというようなことです。あたかも本人自身の行為と同じ処理をするのが妥当なため，「本人の指図」とは厳密な意味ではなく，特定の法律行為（契約等）を委託することで足りるとされています。

### 第102条 （代理人の行為能力）

第102条は，代理人は行為能力者でなくてもよいと定めます。例えば未成年者を代理人とするとき，当該代理行為は，本人によって取り消されることはありません。制限行為能力の制度は，未成年者のような制限能力者保護のためのものであり，未成年者である代理人が下手な取引をしたとしても，代理行為の効力は，直接に本人に帰属するので，未成年者である代理人が不利益を被ることはありません。

### 第103条 （権限の定めのない代理人の権限）

第103条は，代理権が授与されているけれども，具体的な権限内容の定めがない場合の代理権の範囲を定めます。1号の保存行為は，時効の中断（第147条），債務の弁済，壊れかけた家屋の急を要する修繕等の財産の現状を維持する行為を指します。2号の利用行為は，現金を銀行に預金する，不動産を他人に賃貸する等の財産から収益を図る行為を，改良行為は，家屋に造作を施す等の使用価値または交換価値を増加する行為を指します。第103条は，任意代理と法定代理の両方に適用されます。

なお，第103条は，法定代理について第28条（不在者の財産管理人の権限），第918条3項（相続財産の管理），第943条2項（財産分離の請求後の相続財産の管理），第953条（相続財産管理人）等で引用されています（「準用」という）。

### 第104条から107条 （復代理人）

代理人がさらに代理人を選任する場合を復代理といいます。例えば，本人Aが代理人Bを選任した場合において代理人Bがさらに復代理人Dを選任するようなときです。復代理人Dを選任するのは代理人Bですが，復代理人Dも代理人である以上，本人Aのための代理人です。

第104条は，任意代理人は，本人から適任者であるとして信頼されて選任さ

第5章 法律行為

れ，一定事項について任意代理権が授与されていますので，原則として代理行為を自ら行わなければならず，他人に委ねることはできないと定めます。ただし，例外として，本人の許諾を得たとき，または，本人の所在が不明である等やむを得ない事由があるときは，任意代理人は，復代理人を選び，代理行為を行わせることができます。

　第105条は，復代理人の選任・監督につき，任意代理人は損害賠償責任を負いますが（第1項），本人の指名に従って復代理人を選任したときは，その代理人が不適任または不誠実であることを知っている場合のほかは責任を負わないと定めます（第2項）。

　第106条は，法定代理の場合は，本人の許諾を得られないことと法定代理の範囲は広範であることが多く，すべての代理行為を一人で行うことが難しい事情もあり得るため，任意代理の場合（第104条）と反対に，原則として，復代理人を選任することができると定めます。ただし，やむを得ない事由で復代理人を選任した場合を除いて，復代理人の代理行為により本人に賠償されるべき損害が発生したときは，復代理人に対する選任・監督上の不注意（「過失」という）の有無を問わず，法定代理人が責任を負うという重い責任が発生します。

　第107条は，代理人によって選任された復代理人は代理人の代理人ではなく，本人の代理人であると定めます。復代理人は代理人の名を示す必要はなく，復代理人を選任しても代理人は代理権を失いません。端的には，本人のための代理人の数が増えただけです。

第108条 （自己契約及び双方代理）

　第108条は，例えば，BがA所有の土地を購入する際に，Bが買主として申込みの意思表示をし，同時に売主Aの代理人として，土地の売買の承諾の意思表示をし，買主BとA代理人B間で売買契約を締結すること（「自己契約」という），及び，例えば，Bが売主Aと買主Cの双方の代理人となって，土地の売買契約を締結するように当事者双方の代理人となること（「双方代理」という）は，できないと定めます。代理人が自己契約では自己の利益を，双方代理では一方の利益を優先する場合には，本人の利益を害することになるからです。自己契約・双方代理という形式でなされた代理行為は無権代理（第113条以下）

51

になります。

ただし、「債務の履行」の場合、例えば、AがCに土地を売却した場合、AからCへの所有権移転登記の共同申請について、司法書士Bが、登記権利者C・登記義務者A双方の代理人になるような場合は、権利・義務の発生のための意思表示ではなく、既に確定した権利・義務の実行の場面なので、双方代理は可能です。さらに、登記の申請は、公法上の申請行為であり私法上の権利変動を目指す行為でもありません。また、本人保護のための規定ですから、本人があらかじめ許諾している場合には通常の有権代理として有効となります。

◆ 2 表見代理（無権代理の特例；第109条から112条）

[第109条]（代理権授与の表示による表見代理）

第109条は、例えば、本人Aが第三者Cに対して代理権をBに与えたと表示してBC間で意思表示がなされた場合に、実際には本人AがBに対し代理権を授与していなかったときであっても、「特別」に本人Aは、BがCとした（無権）代理行為について責任を負うと定めます。つまり、有権代理の場合と同様に効果（契約の効果・権利義務）が本人と第三者（相手方C）間に帰属します。これは、Bに対し代理権が授与されたというAの「表示」に対するCの信頼を保護するためです。ただし、第三者（相手方）が、代理人と名乗る者に代理権が授与されていないことを知っている（悪意）か、知らないことに不注意（過失）があれば、相手方の「表示」に対する信頼を保護する必要がありません。したがって、本人が相手方の悪意・有過失の立証に成功すれば、後述する第113条以下の「無権代理」となります。

第109条が適用されるのは、例えば、会社Aが従業員Bに対し営業に関する決定権限を与えていないのに対外的な肩書きは「営業部長」と名乗ることを許していた場合等です。これに対して、本人AからBに対し委任状の中の一定の事項が空欄である「白紙委任状」が交付された場合は、一応は一定の事項が「委任」されて代理権があるため、第109条の適用をどう考えるかが問題となります（「白紙委任状」につき第2部22を参照）。

[第110条]（権限外の行為の表見代理）

第110条は、例えば、代理人が本人のために50万円の金銭を借り入れる代

理権が授与されている場合に，それを超えて100万円の借り入れをしたときに，相手方に代理権を超えていないと信ずることに「正当な理由」があるときは，「特別」に第109条と同様の効果（100万円の有権代理と同じ）が得られることを定めます。「正当な理由」がある場合とは，判例は「相手方が代理権があると信じたことが過失といえない場合」であると解釈しています。

第110条については，一定の基本代理権の存在が予定されていますが，どのような場合に基本代理権があるのか（事実行為や公法上の申請行為でもよいのか），基本代理権となされた行為には質的な連続性が必要なのか，正当な理由とはどのような判断枠組みなのか等，多くの問題があります（以上につき第2部23・24・25を参照）。

[第111条]（代理権の消滅事由）

第1項は，本人について生じた事由（1号），代理人について生じた事由（2号）があれば代理権が消滅することを定めます。

第2項は任意代理に特有の問題として，本人・代理人間の法律関係である委任契約等（対内関係）の終了によって，本人と代理人の関係の手段である代理権も消滅することを定めます。

[第112条]（代理権消滅後の表見代理）

第112条は，第111条で代理権が消滅して無権代理となっている場合でも，善意の第三者（相手方）には「特別」に代理権が存続している（有権代理）と扱われることを定めます。従来と同様の代理行為を行おうとする相手方は，第111条に規定される事実があっても，代理権があると信じて取引をするのが通常だからです。この規定の効果も第109条と同じです。ただし，相手方に代理権消滅を知らない（善意）ことに不注意（過失）があれば，保護を与える必要がありません。したがって，本人が第三者（相手方）が悪意又は善意であるが過失があることの立証に成功すれば，無権代理として扱われます。

なお，第109条・110条・112条は，第94条2項と同じく「権利外観法理」の一例です。また，例えば，かつて有していた代理権の範囲と異なる代理行為が行われた場合等，重畳的に適用される場合があります。

第1部　ファーストステップ

## ◆ 3　無権代理 （代理権のない代理行為；第113条から118条）

[第113条] （無権代理）

　第1項は，代理権を授与されていない者が，他人の代理人であるとしてなした契約（無権代理行為）の効果は，本人に対して効力を生じない（効果が本人に帰属しない）ことが原則であることを規定します。しかし，代理権を欠く契約であっても，本人にとって有利な内容であれば，契約の相手方に対して，追認して，契約の時に遡って自己に効果を帰属させることができます（第116条参照）。例えば，A所有の甲土地を売却する代理権を授与されていないBが，Aの代理人であると名乗って，Cとの間で甲土地の売買契約を締結した場合，B・C間でなされた無権代理行為である甲土地の売買契約の効果は，A・C間に帰属せず，AはCからの甲土地の引渡請求に応じる必要はありません。しかし，もし，無権代理人BがCと締結した契約内容が，自己にとって有利であると判断する場合には，Aは，Cに対して「追認」することによって，契約の効果を契約の時に遡って自己に帰属させることができます。もちろん，Aは，契約内容が不利である場合には，Cに対して追認を拒絶して，自己に契約の効果を帰属させないことを確定させることもできます。したがって，なされた無権代理行為は直ちに無効ではなく，効果がどうなるか未確定の状態です（不確定無効ともいう）。その後，本人が追認を拒めば本人への「効果不帰属」が確定し，なされた無権代理行為（契約等）は不存在として扱われ，後述する第117条（無権代理人の責任）の問題となります。

　第2項は，追認又は追認拒絶が相手方に到達しない間は，相手方は追認又は追認拒絶が存在しないと扱って良いことを定めます。具体的には，相手方は，後述する第115条（無権代理の相手方の取消権）の取消権を行使することができます。この追認及び追認拒絶は一方的な意思表示であり，追認が事後の代理権授与であれば，本人は代理行為をした者に追認を伝えることで有効な代理行為とすることができます。しかし，直ちに有効な代理行為とすることは相手方保護に欠けるため，相手方が知るまでは追認を対抗することができないと定めます。

54

第 5 章　法律行為

### 第 114 条 （無権代理の相手方の催告権）

　第 114 条は，無権代理行為であることを知った相手方の催告権と，この催告に本人が回答しなかったときは本人による追認が拒絶されたとの扱いを定めます。第 113 条（無権代理）の規定によって，本人は，無権代理人による契約について相手方に対して，追認または追認拒絶の意思表示をして，自己に確定的に効果を帰属させ，または，効果帰属を確定的に拒むことができます。これに対して，相手方は，本人により追認されるのか追認を拒絶されるのか未確定であり不安定な状態です。そこで，相手方から，本人に対して，無権代理人による契約を「相当の期間内」に追認するかまたは追認を拒絶するのかを要求（催告）することでバランスをとっています。

　ところで，本人は無権代理行為を追認する理由があれば追認を，なければ追認拒絶を選択して回答（確答）します。しかし，そもそも他人による勝手な行為ですから，特に追認拒絶の場合は，本人は相手方からの催告を無視するでしょう。そこで，本人が催告に対する確答をしない場合には，追認を拒絶したものとみなされます。

### 第 115 条 （無権代理の相手方の取消権）

　第 115 条は，第 114 条（無権代理の相手方の催告権）に加えて，不安定な状態におかれる相手方を保護するために取消権を与えています。この取消権は制限行為能力や意思表示行為の問題を理由とする取消しとは異なり，無権代理行為の効果が本人に帰属しないことを確定させる意味です（本人による追認可能性を奪う）。もちろん，既に本人が追認した後では取り消すことができません。また，例外として，無権代理であることを知っていた相手方は取り消すことができません。初めから不安定な状態を覚悟して無権代理人とやり取りをしたのですから，取消権を与えて保護する必要がないからです。

### 第 116 条 （無権代理行為の追認）

　第 116 条は，本人が無権代理人による行為を追認した場合（第 113 条），その追認の効力は，原則として，追認をしたときに生じるのではなく，無権代理行為がなされた時点にさかのぼります（追認の遡及効）。例えば，無権代理人と相手方との間での契約締結が 3 月 1 日で，この契約が 3 月 30 日に追認された

第1部　ファーストステップ

ときは，契約の効果は，3月1日に契約を締結した時点から本人に帰属していたことになります。

　なお，本人と相手方の意思により追認の効力を遡及させず，追認の時点から生じさせることもできます。ただし，以上の追認によって，契約当事者（本人と相手方）以外の第三者の権利を害することはできません。もっとも，第三者の権利が問題となる多くの場合は，無権代理人が売却した物を本人が別人にも売却した後で本人が無権代理行為を追認する場合であり，この場合は，権利の帰属を決する第177条等の条文によって解決されることが予定されています。したがって，「ただし書き」が適用されるのは，対抗要件が問題とならない場面に限定されます。

## 第117条 （無権代理人の責任）

　第1項は，代理人と名乗って行為した者に一定の責任が生じる場合を定めます。具体的には，相手方の選択に従い，自らが無権代理人として行為した内容を履行すること，または，被った損害の賠償をすることです。もっとも，代理人が「代理権が存在すること」または「本人が追認したこと」の立証に成功したときは，通常の有権代理として相手方が保護されるため，代理人が責任を負うことはありません。第109条以下の表見代理が代理行為の成立という形での相手方の救済であるのに対し，第117条は，無権代理行為をした無権代理人の責任を直接に定めます（2つの救済方法で代理制度への信頼を図る）。

　第2項は，第1項とは別の理由で代理人が責任を負わない場合を定めます。まず，相手方が，代理権が欠けていることを知り，または，知ることができたのに不注意で知らなかったときは，相手方を保護する必要はありません。次に，第1項により無権代理人が負う責任は自らの履行＝無権代理人に契約が成立したのと同じ責任ですから（損害賠償は履行を金銭で果たすに等しい），無権代理人に契約の前提となる行為能力がない場合は，制限行為能力者の保護のためにも責任を課すことはできません。

　ところで，代理人の勝手な行為であっても第109条以下の表見代理が成立するときは，相手方は，本人に対し表見代理の主張も可能なため，無権代理人は責任を負わなくて済むのかが問題となります（「無権代理人の責任」につき第2

部26を参照)。さらに，例えば，父所有の財産につき息子が無権代理行為を行った後に本人である父が死亡したときは，相続により，息子に無権代理人と本人の地位が帰属することになります（あるいは逆に無権代理人の地位を本人が相続する場合）。この場合，法的にどのように処理するのかも問題となります（「無権代理と相続」につき第2部27を参照）。

【第118条】（単独行為の無権代理）

第99条から第117条までは，対立する双方の意思表示の合致により成立する双方行為（契約）の場合が念頭に置かれた規定です。契約の解除（第540条・541条・543条等），取消し（第96条等）のような，一方の意思表示だけで成立する単独行為の場合については第118条で，相手側が同意し又は争わないときに限り，無権代理の規定（第113条から117条）が適用されます。

> 第2部「セカンドステップ」で勉強すること
> 21 代理権の濫用は，どのように考えればよいか。
> 22 委任状（の解釈）と第109条は，どのような関係にあるのか。
> 23 第110条の基本代理権とは，どのように考えればよいのか。
> 24 第110条の基本代理権と第761条は，どのような関係にあるのか。
> 25 第110条の「正当な理由」とは，どのように考えればよいのか。
> 26 無権代理人の責任とは，どのような意味・性質なのか。
> 27 無権代理人と相続は，どのように考えればよいか。

## 4 無効及び取消し（第119条から126条）

第4節は，①法的には何も効果が生じない場合（無効）と②特別に無効にすることを認める場合（取消し）を定めています。

契約に限らず，ある行為が私法上は無効という意味は，現実には何らかの行為が行われていても，法的な効果，つまり，その行為から発生するはずの権利や義務が発生しない（不存在）と扱われることを意味します（その意味で行為自体の不成立とも異なる）。したがって，無効は，誰からでも，何の手続も必要なしに，不存在として扱って良いことになります。もっとも，実際には，何かやり取りが「存在」し，当事者が「争う」場合に，「事後的な評価」によって，無効と「判断」される，という「法技術」である点に注意が必要です。つまり，

第1部　ファーストステップ

法的には無効＝無視してよい，という意味ですが，現実には，ある行為が無効か否か争われたときは，無効の確認訴訟等の一定の主張や手続による「確認作業」が必要となります。

これに対して，取消しとは，なされた行為が一応は有効であるが，①行為能力の制限，②詐欺又は強迫による意思表示の場合に，特別に後から無効とすることができる手段を政策的に与えたものです。したがって，単なる確認作業ではなく，必ず一定の手続を経なければ無効にすることができません。

以上から，無効と取消しは社会実態的には存在する関係の「解消」のための法技術です。もっとも，例えば第90条（公序良俗）違反の絶対的無効から，被詐欺者の取消権は善意の第三者に対抗することができない（第96条3項）場合まで，さまざまな「程度」を意識する必要があります（「無効と取消し」につき第2部29を参照）。なお，特別法である消費者契約法にも，消費者に対して，取消権を認める規定や無効に関する規定があります。

◆ 1　無　効（第119条）

第119条（無効な行為の追認）

第119条は，無効な行為は，その行為の当事者が後からその行為を肯定すると認めても，有効にならないことを定めます。したがって，無効となる行為がなされた後で当事者が追認しても，その行為は，なお無効であると扱われます。無効とは，法的な効果を認めないという強い意味だからです。

その上で，第119条は，例外として，「ただし書き」で，「新たな行為」として扱うことを認めます。したがって，「ただし書き」は，「無効は無効」という強い原則への例外ですから，第90条（公序良俗）違反のような絶対的な無効については適用されず，例えば第94条1項（虚偽表示）により無効となる行為を当事者間が追認をした場合に，別の新たな行為とするのではなく，かつての行為を有効として扱うという処理を採用したことを述べるに過ぎません（他には，官庁の許可を得ないと無効とされる契約の追認等）。

◆ 2　取消し（第120条から126条）

第120条（取消権者）

第120条は，取消権を持つことができる人を定めます。第1項が行為能力の

第5章　法律行為

制限を理由とする場合，第2項が詐欺又は強迫を理由とする場合です。したがって，第120条に掲げられる者が，行為の取消しを望み，取消しの手続（第123条）をとったときにのみ，取消しの効果（第121条）が生じます。つまり，無効とは異なり，取消しには，無効にすることができる人が限定され，その手続が定められています。なお，承継人とは相続人・合併会社（「包括承継人」という），権利義務を譲り受けた者（「特定承継人」という）をいいます。

[第121条]（取消しの効果）

　第121条は，取り消されると行為は初めに遡って無効とみなすと定めます。したがって，取消権者がその行為（例えば契約）を取り消すと，その行為は無効となり，権利や義務は初めから何もなかったと扱われます。つまり，取消権は，法律関係を一方的に無効という関係に作り替える権利です（「形成権」という）。その上で，双方が既に相手方に交付したものがあれば，それは無効＝法的な根拠無く他人のものを持っていることになるため，双方の間で返還の請求・義務という関係になります（「不当利得（第703条以下）」という）。また，交付されたものが相手方と第三者の取引によって既に第三者の手に渡っていても，取消権者は第三者に対し当初の行為が無効であることを理由にして，返還を請求することができます（無権利の法理；ただし，第96条3項に注意）。

　ただし，第121条は，例外として，制限行為能力者保護を定めます。したがって，取消しによる無効を理由に行為の取消権者から第703条以下の不当利得返還請求を受けた者が制限行為能力者であるときは，受け取ったものの現状（「現存利益」という；例えば，既に売却していれば売却代金で手元に残っている額）の立証に成功すれば，その限度でのみ返還すればよい，と扱われます。その上で，例えば，遊興費として浪費していたときや，生活費に充てていたとき，反対に増加していたとき，が問題となります（「原状回復の範囲」につき第2部29を参照）。

[第122条]（取り消すことができる行為の追認）

　第122条は，取消権者による追認を定めており，無効に関する第119条に相当します。したがって，取消権者が追認すると，以後は取り消せない＝有効な行為となります。つまり，追認＝取り消さないという意思表示（第123条；単

59

独行為）は，取消権の放棄です。以上から，「取り消すことができる行為」とは，一応は有効であるが，取消権が行使されたときは無効になるので，まだ有効が確定していない浮動状態といえます（不確定有効ともいう）。

なお，第122条のただし書きは，不確定有効が有効として確定する場面では第三者の権利が特別に害される可能性がないため，無用な規定といわれています。

[第123条] (取消し及び追認の方法)
第123条は，方法として「相手方に対する意思表示」を定めます。したがって，取消権者が，行為の取消し又は取消権の放棄（追認）の意思を相手方に表示して，初めて遡及的に無効という効果が生じます（訴訟や書面は必要ない）。

なお，取り消される行為（例えば契約）によって引き渡されたものが既に相手方から第三者に譲渡されていたとしても，条文上は方法としての意思表示の相手方は「取り消すことができる行為の相手方」ですから，取消しの意思表示の相手方は，第三者ではありません。

[第124条] (追認の要件)
第124条は，取消権の放棄（追認）が有効となるために必要な事実（要件）を定めます。第1項が取り消すことができる場合（制限行為能力者及び詐欺・強迫），第2項が特に成年後見人の場合です。したがって，取消権者が制限行為能力者のまま単独でした，あるいは詐欺・強迫にあった者がなおその影響下にある場合にした，取消権の放棄は無効として扱われます。つまり，私的自治の点からは，権利の放棄は自身に不利益を及ぼす行為であるから，自由で正常な判断状況が必要なのです。もっとも，制限行為能力者は，法定代理人・保佐人・補助人の同意があれば，追認をすることができます（第20条4項）。この場合は，能力を有する者による十分な確認や判断が可能だからです（ただし，被後見人の場合は同意があってもなお取り消すことができる）。

なお，第2項は，被後見人は後見中の自身の行為を認識できないという前提から，行為を認識した後でなければ取消権の放棄は考えられない，という意味であり，要件としては意味を持ちません。同様に第3項も，自由で正常な判断状況にある者からの取消権の放棄であり，要件としては意味を持ちません。

第5章　法律行為

### 第125条（法定追認）

　第125条は、当事者の意思を問わず、一定の事実があれば当然に追認があったと扱う場合を定めます。したがって、取消権者から取消しの意思表示を受けた者が、一定の事実の存在の立証に成功すれば、取消権者は既に取消権を放棄（追認）したことになるから、行為を取り消すことができない、と扱われます。つまり、取消権者が、取り消さないことを前提に行動したと考えられる場合は、「黙示の追認」があったと考えるわけです。1号と2号は、まさに行為（例えば契約）が有効なことを前提としますし、3号（更改；第513条以下）、4号（質権；第342条以下、抵当権；第369条以下、保証；第446条以下）、5号（債権譲渡；第466条以下）も同様です。6号は権利の実現を裁判所に依頼する場合であり「民事執行法」に規定されています。

　その上で、第125条は、「ただし書き」で例外を定めます。これは、例えば、取消権者が自己の財産に強制執行を受けた際に、これを回避するために弁済（1号）をする等、「真偽は別として、とりあえず応じるに過ぎない」等と「異議」を述べて応じていたときは、黙示の追認と扱うことができないからです。

### 第126条（取消権の期間の制限）

　第126条は、権利の存続期間を定めます。したがって、取消権者から取消しの意思表示を受けた者が、第124条の要件を満たしたときから5年または行為の時から20年を経過したことの立証に成功すれば、取消権者の取消権は既に消滅しているから、行為を取り消すことができない、と扱われます。

> 第2部「セカンドステップ」で勉強すること
> 　28　無効と取消しには、どのような種類があるのか。
> 　29　無効と取消しの場合の原状回復の範囲は、どのように考えればよいか。

## 5　条件・期限（第127条から137条）

　第5節は、法律行為（契約等）から発生する効果（権利の発生や移転等）を、①将来発生する「不確実」な事実に係らせる付随的な合意（条件）と②発生することが「確実」な事実に係らせる付随的な合意（期限）について定めています。

第1部　ファーストステップ

　法律行為（契約等）が成立すれば，直ちにその効果が発生するのが原則です。しかし，当事者が，契約が成立しても契約から生じる権利義務等の発生を時間的に遅らせることを望む場合，これも一種の合意として認められます。例えば，売買契約において，①代金を完済したら所有権が移転する，②代金は60回払で毎月末に支払う，という合意はよく行われます。①は効果の発生自体につき，②は権利義務は生じているが行使時期につき，合意したものです。民法では，これらの合意のうち，①は条件，②は期限として規定しています（条件でも②，期限でも①はあり得る）。このような法律行為（契約等）に関する付随的な合意のことを「附款」といいます。法は，物理現象と異なり，成立と効果の発生を分けることを認めるのです。法律行為の本体が成立するのに必要な事実を法律要件（成立要件）といいますが，条件と期限で合意される事実は，成立したことを前提に効力が生じたり消滅したりするのに必要な事実という意味で「効力要件」といいます。

　以上，これまでの第5章（法律行為）を整理すると，第2節（意思表示）が成立を，第3節（代理）が帰属を，第4節（無効・取消し）が解消を，第5節（条件・期限）が付随的な合意を定めています。

◆ **1　条　件**（第127条から134条）

**第127条**（条件が成就した場合の効果）

　第1項は，効力の発生に向けられた条件（「停止条件」という）を定めます。停止条件付法律行為（契約等）の効力の発生時は，法律行為の時点ではなく，停止条件が成就した時点です。例えば，「司法試験に合格すれば，自動車をプレゼントする」という停止条件付贈与契約が締結されたとします。通常の（条件のない）贈与契約の場合には，贈与契約の成立により，特約のない限り直ちに自動車の引渡請求権の発生や所有権の移転等の効力が生じます。しかし，停止条件付贈与契約の場合には，引渡請求権の発生と所有権の移転は契約成立によって直ちには発生せず，「司法試験の合格」という条件が成就した時点で初めて発生することになります。

　第2項は，効力の消滅に向けられた条件（「解除条件」という）を定めます。解除条件付法律行為では，法律行為（契約等）から発生していた効力が，解除

第5章　法律行為

条件が成就した時点から、消滅することになります。例えば、「留年したときは、奨学金の支給を終了する」との解除条件付契約が締結された場合、契約によって発生していた効力（奨学金の支払請求権等）は、「留年する」という条件が成就することによって当然（自動的）に消滅します。

第3項は、第1項および第2項は、法律行為の効力の発生および消滅時を条件成就の時点としていますが、当事者の合意により、それ以前の時点に法律行為の効力の発生および消滅を遡及させることを認めています。この合意により当事者は、第1項及び第2項の規定を排除して、法律行為の効力の発生及び消滅を、契約の成立時等に遡及させることができます。

[第128条]（条件の成否未定の間における相手方の利益の侵害の禁止）

第128条は、条件付法律行為の当事者は、条件の成否が未定の間、条件が成就した場合にその法律行為（契約等）から生じる相手方の利益を害することができないと定めます。もっとも、害する行為がなされたらどうなるかは、述べられていません（第130条と比較のこと）。

例えば、「司法試験に合格すれば、この自動車をプレゼントする」との停止条件付贈与契約が締結されていたところ、贈与者が司法試験の合否が決定する前に、自動車を滅失・毀損したとします。贈与契約の効力が発生するのは条件が成就した後ですから（第127条1項）、贈与者は条件の成否が未定の間は自己所有の自動車として、これを滅失・毀損させても構わないと考える余地もありそうです。しかし、贈与契約自体は成立していますから、受贈者は、司法試験の合否が決定する前の段階において、将来の自動車の取得に対し、一定の期待ないし希望を持っています（停止している権利自体ではない）。そこで、第128条は、この期待ないし希望に要保護性を認め（「条件付権利」という）、上記のような滅失・毀損行為を含め、条件付法律行為から生じる相手方の利益に対する侵害行為を禁止したのです。このことは、解除条件付法律行為であっても同様です（例えば、「司法試験に合格するまで教科書を貸す」という解除条件付賃貸借においても、賃貸人の教科書の返還に対する期待ないし希望が保護される）。

なお、第128条の違反に基づいて発生する当事者の責任は、損害賠償責任です（第709条あるいは第415条）。もっとも、この損害賠償責任も条件的に発生

63

第1部　ファーストステップ

すると考えられていますので，相手方は条件成就のときに初めて損害賠償を請求することができます。

[第129条]（条件の成否未定の間における権利の処分等）
　第129条は，条件付権利およびそれに対応する条件付義務の処分等について定めます。
　条件付法律行為の効力は条件の成就によって生じるので（第127条），条件付法律行為から生じる権利およびそれに対応する義務は，条件の成否が未定の間は，未だ不確定な状態にあります。しかし，第129条は，この不確定な条件付権利（期待権）およびそれに対応する義務も，一般の規定に従い，処分，相続，保存し，又はそのために担保を供することができるとしています。「一般の規定に従い」とは，条件の成就によって取得される権利と同様の方法に従い，という意味です。したがって，例えば，条件付法律行為（契約等）が不動産所有権の取得を目的とする場合，既発生の不動産所有権の場合と同様に，不動産登記によって保存され，かつ譲渡のための対抗要件が具備されることになります（「仮登記」という方法を用いる。詳細は物権法）。

[第130条]（条件の成就の妨害）
　第130条は，条件成就により不利益を受ける当事者が，故意に条件成就を妨げてはならず，妨害がなされた場合には，「相手方は，その条件が成就したものとみなすことができる」と定めます。もっとも，条件の成就は当然に生ずるのではなく，相手方は，条件が成就したものとみなす権利（形成権）を取得すると考えられています。したがって，条件成就の妨害がなされた場合，相手方は，第130条から生じた形成権を行使したうえで，条件成就により発生した権利を行使することになります。
　条件成就により不利益を受ける当事者が故意に条件成就を妨げることは，信義誠実の原則（第1条）からみて許されることではありません。第130条は，このような行為を禁止することによって，条件の成否未定の間における条件付権利の保護を図ろうとしています。第130条の「条件成就により不利益を受ける当事者」とは，条件付法律行為の当事者に限らず，例えば，条件付債務の保証人のような者も含み，また，「故意」とは，条件成就の妨害となることの単

なる認識で足り，害意は不要と考えられています。

　以上と反対に，条件成就により利益を受ける者が，故意に条件を成就させた場合につき，どのように扱うかという問題があります（「故意による条件成就の効力」につき第2部30を参照）。

### 第131条から134条（仮装条件）

　第131条から第134条は，条件の形式を採っているが実質は条件になっていない場合（「仮装条件」という）の効果を定めます。実質的に条件でない以上，条件として扱わない点に注意が必要です。

　第131条（既成条件）は，既に成否が客観的に確定している事実を条件とした場合（既成条件）の効果を定めます。停止条件が法律行為（契約等）の時にすでに成就していた場合には，法律行為は無条件に効力が生じ，解除条件が法律行為の時にすでに成就していた場合には，法律行為は無効となります（第1項）。逆に，法律行為の時に条件が不成就に確定していた場合，その条件が停止条件であるときは，法律行為は無効となり，解除条件であるときは，法律行為は無条件となります（第2項）。条件となりうる事実は，将来発生することが不確実な事実ですから，既成条件はもはや法的な意味での条件とはいえません。このように考えると，第1項・2項は当然の事柄を定めた規定といえます。なお第3項は，第1項及び2項により，権利関係が確定する以上，無意味な規定であるといわれています。

　第132条（不法条件）は，不法な事実または不法な行為を特にしないことを条件とした場合の効果を定めます。不法な事実を条件としたときは，法律行為全体が不法性・反社会性を帯びると考えられます。したがって，第132条は，不法条件付法律行為は，単に条件のみを無効とするのではなく，法律行為全体が無効になると定めます。

　第133条（不能条件）は，将来において実現が不能である事実を条件とする場合の効果を定めます。この場合の不能とは，物理的に不能な場合だけではなく，社会的・経済的にみて不能である場合を含みます。不能なことは実現できませんから，第1項は不能の停止条件付法律行為を無効とし，第2項は不能の解除条件付法律行為を無条件と定めます。

65

第1部　ファーストステップ

　第134条（随意条件）は，しなければならない人である債務者が欲しさえすれば，条件を成就させることができることを条件とした場合は，このような条件が付された停止条件付法律行為を無効と定めます。例えば，「気が向けば，自動車をプレゼントする」という契約は，そもそも当事者間に法的拘束力を生じさせようとする意思が希薄であると評価できるため，このような法律行為（契約等）に法的効力を認める必要はないからです。

◆ 2　期　限（第135条から137条）

[第135条]（期限の到来の効果）

　期限には，始期と終期，確定期限と不確定期限の区別があります（第412条参照）。

　第1項は，法律行為の発生および債務の履行に関する期限である「始期」を定めます。例えば，お金の貸し借り（「金銭消費貸借契約（第587条）」という）に，「10月1日に返済する」という始期を付した場合，金銭消費貸借契約に基づいて返還債務自体は発生していますが，貸主は，10月1日が到来するまで，借主に対し，返還債務の履行を請求することができません（次の第136条2項に注意）。なお，第1項は，債務の履行に関する始期についてのみ定めますが，例えば，「10月1日に自動車をプレゼントする」というように，法律行為の効力の発生について始期を定めることも可能です。この場合の始期は，停止条件に対応します。

　第2項は，法律行為の効力の消滅に向けられた期限である「終期」を定めます。終期は，解除条件に対応します。例えば，「大学在学中は，仕送りを行う」と約したような場合であり，大学の卒業により仕送りに関する法的効力が消滅します。

　なお，期限のうち，将来到来することが確実で，かつ到来する時期も確定しているものを「確定期限」といい，先の「10月1日に自動車をプレゼントする」との例は，始期と同時に確定期限の例となります。これに対して，将来到来することは確実であるが，到来する時期が不確定なものを「不確定期限」といい，先の「大学在学中は，仕送りを行う」との例は，終期と同時に不確定期限の例となります（条件か期限かの判断につき第2部31「不確定期限」を参照）。

また、期限付権利も条件付権利と同様に要保護性が認められますから、条件付権利に関する第128条・129条の規定が類推適用されると考えられています。ただし、債務の履行に期限が付けられているに過ぎない場合には、すでに債権は発生していますので、これらの規定の類推適用を考える必要はありません。

### 第136条 （期限の利益及びその放棄）

第1項は、法律行為（契約等）に期限が付された場合には、その期限は、債務者の利益のために定められたものと推定しています。本来、権利とは発生すれば直ちに行使することができますが、合意で期限を定めたときは、債務者の履行を先延ばしすることを債権者が認めたのですから、期限による利益は、債務者が猶予として享受する場合が多いことを理由としています。したがって、これとは反対の事実を主張しようとする場合、すなわち、債権者が、自己の利益のために期限が定められていることを主張しようとする場合には、債権者自らがそのことを立証しなければなりません。例えば、債権者の期限の利益として無償寄託（第662条）や金銭消費貸借に利息が付いている場合があります。

第2項本文は、期限の利益を受ける当事者が期限の利益を放棄することを認めています。自らの利益を放棄することは当然に認められるべきですから、第2項本文は、当然の事柄を規定したものといえるでしょう。ただし、期限の利益が相手方にも存在している場合、放棄を認めると、相手方の期限の利益が一方的に奪われてしまいます。そこで、第2項ただし書きは、期限の利益の放棄により、「相手方の利益を害することはできない」と定めます。「相手方の利益を害することはできない」とは、相手方の同意が無い限り放棄できないと考える余地もあります。しかし、例えば、期限の利益が債権者と債務者双方にある場合には、相手方の利益を金銭で填補できる限り、相手方の損害を賠償することにより、期限の利益を放棄することができると考えられています。

### 第137条 （期限の利益の喪失）

第137条は、債務者の期限の利益が喪失される場合を定めます。債権者は、多くの場合、債務者に対する信用を前提に期限の利益を付与しています。しかし、期限が到来する前に、この信用が破壊される事態が生じた場合には、期限の利益を付与した前提が不存在となり、期限を存続させる基礎が失われます。

そこで，第137条は，特に第1号から3号の事実があるときは，債務者は期限の利益を主張できないと定めます。

　期限の利益喪失事由が生じた場合，債務者は期限の利益を主張することができないので，債権者は，期限の到来を主張して，直ちに履行を請求することができます。なお，期限の利益が債権者にもある場合，債務者が期限の利益を主張することができないだけで，債権者から期限の利益を主張することは可能です。

> 第2部「セカンドステップ」で勉強すること
> 　30　条件によって利益を受ける者が故意によって条件を成就させたときは，どう扱うのか。
> 　31　「借りたお金は出世したときに払います」は，停止条件か，不確定期限か。

# 第6章　期間の計算

　第6章は，期間の計算について定めています。具体的には，①期間の計算の通則，②時間によって期間を定めた場合と③日，週，月または年によって期間を定めた場合の計算方法です。期間は，契約において定められることも多く，また，次の第7章（時効）とも深い関わりを有します。さらに，民法の中で，あらかじめ「一定の期間」の経過を要求する定めが置かれていることもあります（「時効期間」のほか，婚姻に関する再婚禁止期間（第733条）等）。

## 1　期間の計算の通則（第138条）

　第138条（期間の計算の通則）

　第138条は，期間の計算方法について，「期間の計算方法は，法令若しくは裁判上の命令に特別の定めがある場合又は法律行為に別段の定めがある場合を除き，この章の規定に従う」と定めます。したがって，まず，法令もしくは裁判上の命令で期間の計算方法につき特別の定めがある場合には，それに従うことになります（例えば，「年齢計算ニ関スル法律」，戸籍法第43条等参照）。また，法律行為，例えば契約の中で期間の計算方法につき特別に定めたのであれば，それに従うことになります。そして，これら2つの場合を除き，期間は，第139条以下に従って計算されます。

　なお，期間の計算方法に関する民法の規定は，原則として，公法関係の期間にも適用されます。

## 2　期間の起算と満了（第139条から143条）

### ◆ 1　期間の起算（第139条・140条）

　第139条は，時間で期間を定めた場合に，特別の定めのない限り，その期間は即時から起算すると定めます。例えば，1月1日の10時から6時間というときには，まさに10時から期間が起算され，その日の16時に期間満了となり

ます（第139条は，期間満了点について述べていない）。一般的には，分・秒で期間が設定された場合についても，即時から期間を起算すると考えられています。

第140条は，「日，週，月又は年」によって期間を定めた際の期間の起算について，その期間の初日を算入しないことを原則とします（初日不算入の原則）。したがって，本日から3日間という期間を定めた場合には，本日は算入せず，その翌日から3日という期間を起算することになります（本日が，1月1日であれば，1月2日から起算し，3日後の1月4日までとなります）。ただし，第140条は，その例外として，その期間が午前零時から始まるとき（前述の例でいうと，1月1日の午前零時から期間が始まるとき）は，その初日を算入して起算すると定めます。つまり，1日＝24時間ということを基礎に，初日は24時間を満たさないのが通常であるから初日不算入を原則とし，例外的に初日が24時間を満たすのであれば，その初日から期間を起算するとするわけです。

なお，初日不算入ということに関しては，前述の「年齢計算ニ関スル法律」が，「年齢ハ出生ノ日ヨリ之ヲ計算ス」と定めていることに注意する必要があります。

◆ 2　期間の満了（第141条・142条）

第141条は，第140条を受けて，期間がその末日の終了をもって満了すると定めます。前述の例でいうと，末日の1月4日の終了，つまり1月4日の24時（午後12時）の経過と共に期間も満了することになります。

第142条は，期間の満了についての特例を定めます。つまり，期間の末日が日曜日，国民の祝日に関する法律が定める休日等にあたるときで，その日に取引をしない慣習がある場合です。これに該当する場合には，当該期間の満了は，第142条により，その翌日に満了するものとして扱われます。

◆ 3　暦による期間の計算（第143条）

第1項は，週，月または年によって期間を定めた場合に，その期間を暦に従って計算すると定めます。この暦に従うということは，1カ月や1年というように，日数換算をすると日数にばらつきが生じるときに（1カ月は28から31日，1年は365か366日），そのような日数のばらつきを考慮せずに（日数に換算して計算し直すことなく），暦（要はカレンダー）に従って，期間を計算すること

第6章　期間の計算

を意味します。

　第2項は、この暦に従った計算をする場合に、第140条の定める初日不算入の原則、および、月・年による日数のばらつきとの関係から生じる問題への対処を定めます。例えば、①1月1日を初日とする場合、その日から1カ月間という期間を定めたときの期間の満了はいつになるか、また、②1月30日から1カ月間という期間を定めた場合の期間の満了はいつかといった問題です。これらの具体例では、第2項の定めるところにより、期間の満了日は、各々次表のようになります。

|  | 第140条 | 起算日 | 1カ月 |
| --- | --- | --- | --- |
| 1月1日を初日とする場合 | 原　則 | 1月2日 | 2月1日（1月2日に応当する日（2月2日）の前日） |
|  | 例　外 | 1月1日 | 1月31日 |
| 1月30日を初日とする場合 | 原　則 | 1月31日 | 暦上は応当日なし→2月28日（29日、閏年） |
|  | 例　外 | 1月30日 | 暦上は応当日なし→2月28日（29日、閏年） |

71

# 第7章 時　効

　第7章は、時効として、一定の事実状態が法の定める期間継続した場合に、その事実状態が真実の権利関係に合っているかどうかを問題とすることなく、事実状態に対応した権利の取得や消滅を認める制度を定めています。具体的には、①時効全体に共通するもの（第1節；総則）、②権利取得という効果を認める時効（第2節；取得時効）と③権利消滅という効果を認める時効（第3節；消滅時効）です。時効とは、時の経過という事実を重要視して権利変動を認める制度です。何故このような制度が認められているのかについては、種々の説明がなされており、このことは、個別の条文の様々な問題と関連するため注意が必要です（「時効制度の存在理由」につき第2部32を参照）。

## 1　時効総則（第144条から161条）

　第1節は、取得時効と消滅時効に共通する事項につき、①時効の効力と主張方法（「援用」という）、②時効利益の放棄、③時効の中断、④時効の停止を定めています。もっとも、2種類の時効は、「権利の取得」と「権利の消滅」という反対の効果を伴うため、すべての事項が、両時効にぴったりとあてはまるわけではないことに注意する必要があります。

### ◆　1　時効の効力と援用（第144条から145条）

[第144条]（時効の効力）

　第144条は、時効の効力がその起算日から生じると定めます。したがって、取得時効の場合には、時効期間の起算日から権利を取得していたことになり、また、消滅時効の場合には、その起算日から権利が消滅していたことになります。

　時効が成立するために必要な法の定めた期間を「時効期間」といいます。第144条は、その「起算日」に効力を生じると定めることから、時効期間の起算

日（起算点と関連）はいつかということが問題となります。消滅時効の起算点は，後述の第166条に一般的な規定が置かれています。これに対して，取得時効の起算点は，第166条に対応する規定はありません（所有権の取得時効について定める第162条2項では，占有開始時に善意・無過失であれば時効期間が10年間と定めるので，占有開始時が起算点とも考えられる）。したがって，取得時効における時効の起算点はいつかが問題となり，判例は，「時効の基礎たる事実の開始した時」（大多数の場合，占有開始時）と解しています（「取得時効をめぐる種々の問題」につき第2部35および物権法の該当個所を参照）。

第145条（時効の援用）

第145条は，時効は，当事者が主張しなければ，裁判所がこれによって裁判をすることができないと定めます。したがって，裁判所（訴訟）では，取得時効や消滅時効を前提とした主張を当事者がしたときだけ，時効を基にした判断が行われます。つまり，裁判所は，当事者がその時効を援用して，はじめて権利の取得や消滅を前提とした判断をすることができます（関連問題として「時効制度の存在理由」，第2部32を参照）。なお，時効の援用とは，「当事者が時効の利益を享受する（受ける）意思を表示すること」を意味し，このような利益を享受する意思を表明しうる法的地位のことを（時効）援用権とよんでいます。

ここで，第145条の定める「当事者」，つまり援用権者とは，具体的に誰を指すかが問題となります。例えば，債権の消滅時効（第167条1項等）において，債権の消滅時効の利益を享受するのは誰かという問題です。債権の消滅によってその負担から解放されるのは債務者ですから，債務者は第145条の当事者にあたります。問題は，その債務につき保証人（第446条以下）がいたような場合に，この保証人が第145条の「当事者」にあたる者なのか（要するに，債務者以外にその時効の援用を認められる者はいないのか）ということです（なお，「当事者」の解釈など「時効援用権者の範囲」につき第2部33を参照）。

◆ 2 時効の利益の放棄（第146条）

第146条（時効の利益の放棄）

第146条は，時効の利益をあらかじめ放棄することができないと定めます。したがって，時効完成前に，時効の利益を享受する可能性のある者がその利益

を放棄しても,「放棄」の意思表示としては無効です。

その一方で,第146条は,あらかじめの放棄のみを禁止しているにすぎず,時効完成後の放棄を禁じていません。したがって,事後的な放棄は,有効と解されています(「時効の利益の放棄」につき第2部34を参照)。

### ◆ 3　時効の中断 (第147条から157条)

時効の中断とは,その進行が開始した時効期間について,法の定める一定の事由(「中断事由」という)が生じた場合に,それまでに経過してきた1年,2年といった時効期間を時効完成との関係で無意味にする(ゼロに戻す)ことです。民法は,時効の中断について,第147条以下に規定を置いています(取得時効に特有の中断事由(第164条・165条)は後述)。

(1)　中断事由と中断効の及ぶ範囲

[第147条]（時効の中断事由）

第147条は,時効に共通の中断事由として,①請求(第1号),②差押え,仮差押え又は仮処分(第2号),そして,③承認(第3号)を定めています。なお,第147条はこれらの事由を列挙するのみで,各事由の詳細は,第149条以下に定められています。

[第148条]（時効の中断の効力が及ぶ者の範囲）

第148条は,時効中断の効力が,その中断事由の生じた当事者およびその承継人の間においてのみ生じると定めます。ここで,当事者とは,中断行為に関与した者とされ,承継人については,相続人のような包括承継人だけでなく,時効にかかる権利の譲受人等の特定承継人も含まれると考えられています。

実際に,第148条の適用が問題となるのは,時効が進行している権利関係について,その時効の利益・不利益を受ける可能性のある者が複数いる場合です。例えば,所有権の取得時効であれば,A・Bが共有(第249条以下)する甲土地をCが所有の意思をもって

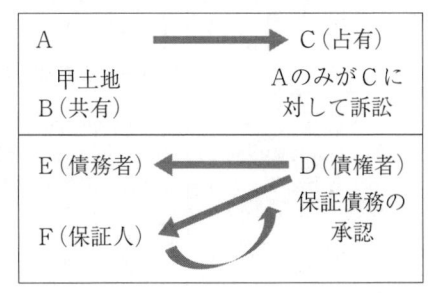

```
A ────────→ C(占有)
甲土地        AのみがCに
B(共有)      対して訴訟

E(債務者) ←──── D(債権者)
                 保証債務の
F(保証人) ←────   承認
```

第1部　ファーストステップ

占有するという場合において，AのみがCに対し裁判上の請求をしたときはA・C間では中断の効力（中断事由）が生じますが，B・C間には生じません。あるいは，債権の消滅時効であれば，DがEに対して債権を有しており，その債権を担保するために，保証人Fがいるというような場合，D・F間でFによる保証債務（第446条）の承認がなされたとしても，Eには影響はないと考えられます。

なお，民法には，時効中断の効力について，当事者以外の者にもその効力が生じると定める規定があります（例えば，後述の第155条や保証債務に関する第457条1項等。「時効援用権者の範囲」とも関連）。

(2)　各中断事由とその効力

① 請　求

請求は，権利者が，自らの権利を行使する（権利内容を主張する）行為の1つです。

第147条（時効の中断事由）は「請求」と定めるのみです。その上で，個別の中断事由について定める第149条以下の規定の内容と合わせてみると，民法は，第147条の「請求」の下に，(a)裁判上の請求（第149条），(b)支払督促（第150条），(c)和解・調停の申立て（第151条），(d)破産手続参加等（第152条），(e)催告（第153条）が含まれると考えていることが分かります。また，各々の規定の内容としては，各事由が生じたときであっても，時効中断の効力が生じない場合のあること（「時効中断の失効」という）を定めます（規定の内容については，次表参照）。

| 各中断事由が効力を失う場合 ||
| --- | --- |
| 第149条<br>（裁判上の請求） | 訴えの却下または取下げ。 |
| 第150条<br>（支払督促） | 民事訴訟法第392条に定める期間内に仮執行の宣言の申立てをしないことにより支払督促の効力を失うとき。 |
| 第151条<br>（和解及び調停の申立て） | 相手方が出頭せず，または和解もしくは調停が整わない場合で，1カ月以内に訴えを提起しないとき。 |
| 第152条<br>（破産手続参加等） | 債権者が破産手続き参加の届出を取り下げ，またはその届出が却下されたとき。 |
| 第153条<br>（催告） | 6カ月以内に上記4つの手続をするか，または差押え，仮差押え，もしくは仮処分をしなければ，中断効を生じない（催告だけでは中断効を生じない）。 |

第7章 時　効

　なお，第153条の定める「催告」には注意が必要です。催告とは，「債務者に対して履行を請求する債権者の意思の通知」等と説明され，「裁判外での請求」，ともいわれます（第149条の「裁判上の請求」と異なる）。そして，第153条が定めるように，催告は，それだけでは完全な時効中断の効力を生じず，それに引き続いて，6カ月以内に，裁判上の請求等，他の中断事由が生じないと，結果として，時効中断の効力を生じません。

　② 差押え，仮差押え又は仮処分
　これらは，権利行使行為（権利の実行行為）であるという側面に加えて，裁判所によってその権利の存在が一定程度確認されるという意味もあることから，民法は，それらを時効中断事由の1つとしています（なお，差押えについては民事執行法に，仮差押え・仮処分については民事保全法に，各々定めが置かれている）。

[第154，155条]（差押え，仮差押え及び仮処分）
　第154条は，差押え・仮差押え・仮処分がなされたときであっても，それらが，権利者の請求により，または法律の規定に従わないことにより，取り消された場合に，時効中断の効力が生じないと定めます。
　第155条は，差押え，仮差押え・仮処分が，時効の利益を受ける者に対してなされないときの時効中断の効力について定めます。第148条（時効の中断の効力が及ぶ者の範囲）によると，時効中断の効力は，中断事由の生じた当事者およびその承継人の間でのみ生じます。したがって，差押え・仮差押え・仮処分が，時効の利益を受ける者（例えば，債権の消滅時効であれば債務者）に対してなされれば，その者に対する関係で時効中断の効力が生じます。しかし，それ以外の者に対して差押え等がされても，第148条によると，債務者に対しては中断効を生じません。ここで，第155条は，（差押え等の当事者ではない）債務者に対する関係でも，他の者に対する差押え等の通知をした後には，時効中断の効力が生じることを定めています。この点で，第155条は，第148条の例外を定めるものです。

　③ 承　認
　承認とは，時効の利益を受けることができる当事者が，権利者に対し，その

権利の存在を知っていることを表示することです。

[第156条] (承　認)

第156条は，承認につき，中断効を有する承認をするにあたり，その承認者の行為能力または権限が不要であると定めます。より正確には，第156条は，「相手方の権利についての処分につき行為能力又は権限があることを要しない」と定めることから，相手方の有する権利（取得時効であれば例えば物の所有権，消滅時効であれば例えば債権）について，これらの権利を処分するにつき，承認をなす者に行為能力・権限は必要とされません。第156条の承認は，「権利を放棄したり，他人の権利を新たに認める」わけではなく，ただ単に既に存在している相手方の権利を認め，それを相手方に表示するだけであり，その性質は意思表示ではなく，観念の通知だからです（「時効の利益の放棄」との関連につき第2部34を参照）。

(3)　時効中断と新たな時効の進行

[第157条] (中断後の時効の進行)

第1項は，中断した時効は，「その中断の事由が終了した時」から，新たにその進行を始めると定めます。つまり，時効の中断により，これまで進行してきた時効期間は無意味となりますが，その中断事由が終了すれば，その終了時を起算点として，新たな時効の進行が開始することになります。そうすると，新たな時効の進行開始時となる中断事由の終了時とはいつかが問題となります。

第2項は，裁判上の請求についてのみ，「裁判が確定した時」から，新たな時効の進行が開始すると定めます（時効期間については，第174条の2参照）。したがって，それ以外の中断事由については，中断事由ごとに，その終了時を考える必要があります。

◆ 4　**時効の停止**（第158条から161条）

時効の停止は，「天災事変など時効完成の間際になって権利者が時効中断行為をすることが困難な事情がある場合に，時効期間の延長を認めて，一定の期間，時効の完成を猶予する」制度です。「時効中断」と異なり，時効停止の場合には，進行してきた期間は時効完成との関係で無意味とはならず（ゼロにな

らず，そのまま），まさに時効の進行を一定期間停めるものであり，その期間分時効完成が後ろにずれる（事実上，期間が延長される）結果，時効の完成が一定期間猶予されることになります。

時効の停止に関する民法の規定の内容をまとめると，次表のようになります。いずれも適切な権利行使（時効中断）が期待できない場合のための規定です。

| 第158条1項 | 時効期間満了前の6カ月以内の間に，未成年者または成年被後見人に法定代理人がいないとき。 | 左の者が行為能力者となった時，または法定代理人が就いた時から6カ月を経過するまでの間。 |
|---|---|---|
| 同上2項 | 未成年者または成年被後見人がその財産を管理する父母または後見人に対して権利を有するとき。 | 左の者が行為能力者となった時，または後任の法定代理人が就いた時から6カ月を経過するまでの間。 |
| 第159条 | 夫婦の一方が他の一方に対して有する権利について。 | 婚姻の解消の時から6カ月を経過するまでの間。 |
| 第160条 | 相続財産に関して。 | 相続人が確定した時，管理人が選任された時，または破産手続開始の決定があった時から6カ月を経過するまでの間。 |
| 第161条 | 時効期間の満了の時にあたり，天災その他不可避の事変のため時効を中断することができないとき。 | その障害が消滅した時から2週間を経過するまでの間。 |

## 2 取得時効（第162条から165条）

　第2節は，取得時効について，①所有権（第206条）と②それ以外の財産権に分けて定めています。

### ◆ 1　所有権の取得時効（第162条）

第162条（所有権の取得時効）

　第1項は，所有の意思をもって，平穏に，かつ，公然と他人の物の占有を20年間継続すると，占有者が時効によってその所有権を取得すると定めます。まず，第162条は「所有権」の取得時効を定めることから，ある意味で当然に，占有者には，「所有の意思をもった占有（「自主占有」という）」が要求されます。次に，「平穏」かつ「公然」な占有ですが，ここでの「平穏」とは，「占有の取得および保持について法律上許されない行為によらないこと」とされ，また，「公然」とは，「占有の取得および保持について秘匿しないこと」とされていま

す（平穏・公然については，第190条（悪意の占有者による果実の返還等）にある「暴行若しくは強迫」・「隠匿」の反対といわれる）。そして，取得時効の対象となる「物」について，第162条は，文言上は疑いもなく，その対象となる物が「他人の物」であることを明言しています。しかし，実際には，立証の困難等種々の理由から，「自己の物」の上に所有権の取得時効が認められるかどうかが争われることもあります（「取得時効をめぐる種々の問題」につき第2部35を参照）。

　第2項は，他人の物の占有者がその占有開始時に善意・無過失である場合に，時効期間が10年に短縮されることを定めます。ここでの善意・無過失とは，判例（通説も同じ）によると，「自己に所有権があるものと信じ，かつ，そのように信じるにつき過失がないこと」を意味します（一般的な意味での「善意・悪意」とは異なることに注意）。

　なお，以上の所有権の取得時効に関しては，特に不動産所有権の時効取得が問題となり，物権法における不動産物権変動（第177条）との関係で，非常に重要な論点の1つとなっています（物権法を参照）。

### ◆ 2　所有権以外の財産権の取得時効（第163条）

第163条 （所有権以外の財産権の取得時効）

　第163条は，所有権を除く財産権についても，第162条の区別に従い，それを時効取得することができると定めています。具体的に，どのような事実状態が継続すれば取得時効が認められるかということは，第163条で明文をもって定められていること（自己のためにする意思，平穏・公然の権利行使，時効期間）のほかは，取得の対象となっている権利ごとに考える必要があります（地役権については，第283条以下に特別の定めがあることに注意が必要）。

　なお，第163条の文言では，広く所有権以外の財産権が，取得時効の対象となるように思われますが，問題となるのは，地上権（第265条），永小作権（第270条），地役権（第280条），賃借権（第601条）等です。

第7章　時　効

## ◆ 3　時効中断についての特則（第164, 165条）

[第164条・165条]（占有の中止等による取得時効の中断）

　第164条は，所有権の取得時効に関し，「占有者が任意に占有を中止し，又は他人によってその占有を奪われ」ることによって，時効が中断すると定めます。取得時効の要件として，時効期間中の「占有の継続」が求められていることからすると，その継続が断たれた場合には，ある意味で当然に，時効は中断することとなります。このことから，第164条の中断を自然中断とよぶこともあります（なお，占有が奪われた場合の時効中断については，占有回収の訴え（第200条・203条参照）との関係に注意が必要）。

　第165条は，所有権以外の財産権の取得時効について，第164条の準用を指示するものです。

## 3　消滅時効（第166条から174条の2）

　第3節は，権利の消滅時効について，①消滅時効の起算点と②権利ごとに異なる時効期間を定めています。なお，「一定の期間内に権利を行使しないとその期間の経過によって権利が当然に消滅する場合」の期間のことを「除斥期間」といい，民法には，消滅時効とは別に，そのような期間を定める規定が存在すると解されています。しかし，条文上は「除斥期間」という語が用いられていないことから，権利の消滅に関する期間については，それが消滅時効か除斥期間かを判別する必要があります（「消滅時効類似の制度」につき第2部36を参照）。

## ◆ 1　消滅時効期間の起算点等（第166条）

[第166条]（消滅時効の進行等）

　第1項は，権利による区別をすることなく，「消滅時効は，権利を行使することができる時から進行する。」と定めます。つまり，消滅時効の起算点は，第166条によると，権利行使可能時です。

　その上で，消滅時効の対象となる権利につき，個別・具体的に時効期間の起算点が争われるときに，第166条のいう権利行使可能時を定めるにあたり，その権利者の個別事情等を考慮するかどうかが問題となります。というのも，第

81

第1部　ファーストステップ

1項からは，権利行使可能時から消滅時効が進行することが分かるのみで，それ以上のことは，直ちに明らかとならないからです。起算点がいつかは消滅時効の完成の有無に直結するため，この点は，判例・学説で非常に争いのある論点となっています（「消滅時効の起算点」につき第2部37を参照）。

なお，民法には，第166条1項とは異なる消滅時効の起算点について定める規定が存在します（例えば，第724条等）。このことから，第166条は，消滅時効の起算点についての原則を定め，それと異なる起算点を定める他の規定は，第166条の特則ということになります。

第2項は，消滅時効と第三者の取得時効との関係（「始期付権利または停止条件付権利の消滅時効」と「そのような権利の目的物となっている物の占有者の取得時効」との関係）を定めるものです（例えば，Aが死亡すれば甲土地をもらうという権利をBが有していた場合で，その甲土地を占有するCがいるようなときは，Bの権利の消滅時効とCによる甲土地の取得時効との関係が問題となります）。ここで，同一目的物に関することではあっても，始期付（停止条件付）権利の消滅時効（Bの有する権利の消滅時効）とその物の取得時効（Cによる甲土地の取得時効）は，各々別の問題です。第2項本文も，第166条1項の規定が，「始期付権利又は停止条件付権利の目的物を占有する第三者のために，その占有の開始の時から取得時効が進行することを妨げない」と定めており，両時効が別物ということからすれば，いわば当然のことを定めているといえます。その一方で，始期付（停止条件付）権利の権利者は，始期の到来（条件成就の時）まで権利を行使することができず，占有者によるその物の取得時効を中断することは容易ではありません。そこで，第2項ただし書きは，「権利者は，その時効を中断するため，いつでも占有者の承認を求めることができる」と定めており，これにより，権利者(B)は，自らの権利の存在を占有者(C)に承認させることによって，占有者による取得時効を中断することが可能となります（第147条3号）。つまり，第2項は，ただし書きに実際の意味があります。

◆ **2　債権等の消滅時効**（第167条から第174条の2）

第167条以下は，権利ごとに（主として債権），その消滅時効の完成について定めます。それらの中でも，解説が必要なものはある程度限定されていますの

で，以下では，それらを中心にみることにします（各消滅時効の詳細については各条文を参照）。

(1) 債権一般，債権または所有権以外の財産権

第 167 条 （債権等の消滅時効）

第1項は，債権一般の消滅時効について定めます。それによると，債権は，10年間行使しないときに，時効により消滅します。なお，債権については，その債権がいかなる債権であるかによって，特別な定めが置かれていることにも注意する必要があります。

第2項は，債権または所有権以外の財産権が，20年間行使されないことによって，時効により消滅すると定めます。ここで，注意を要するのは，債権だけでなく，所有権も，本項の適用対象から外れている点です。つまり，民法では，所有権は消滅時効の対象となる財産権とされておらず，その結果，物の所有者がその所有権を行使していないように外観上みえるような状態があったとしても，その所有権は消滅時効によって消滅することはありません（「所有権絶対の原則，所有権の恒久性」による）。

その一方で，債権・所有権を除くあらゆる財産権が，第2項の消滅時効の対象になるかというと，そういうわけではありません。また，明文規定をもって，その消滅時効が制限される権利も存在します（例えば，抵当権につき第396条）。具体的にいかなる財産権が消滅時効にかかるかということは，問題となる権利の内容に照らして考える必要があり，また，特別な定めがあるかどうかにも注意する必要があります。

(2) 債権等の消滅時効に関する特則

① 定期金債権・定期給付債権の消滅時効

第 168 条 （定期金債権の消滅時効）

第1項は，定期金債権の消滅時効について定めます。定期金債権とは，「一定の金銭その他の代替物を定期に給付させることを目的とする債権」と説明され，具体例としては，年金債権等が挙げられます（ただし，実際には，定期金債権が，すべて第168条の適用の対象となるわけではない）。第1項は，このような定期金債権が，(a)第1回の弁済期から20年間行使しないときに，また，(b)最

後の弁済期から10年間行使しないときにも，時効により消滅すると定めます。

第2項は，定期金債権の時効の中断について定めます。第2項によると，定期金債権者は，時効の中断の証拠を得るため，いつでも，その債務者に対し承認書の交付を求めることができます。

[第169条] （定期給付債権の短期消滅時効）

第169条は，定期給付債権のうち，その支払いの定期が1年以内のものについて，消滅時効期間が5年であると定めています。

ここで，第168条の定める定期金債権と第169条の定める定期給付債権とは，言葉は似ていますが，その消滅時効について異なる扱いがなされているので，両債権の関係，および，その違いに注意する必要があります。

定期金債権は，前述したように，定期（例えば，1年ごと，1カ月ごと）に一定の金銭の支払いを内容とする債権です。債権者が定期金債権を有する場合，確かに，その債権者は，一定期日の到来があれば，個別・具体的に「○○円」という金銭の支払いを求めることができます。しかし，そのような期日の到来する前に，債権者は，債務者に対し，その支払いを求めることができるわけではありません。つまり，定期金債権は，個別・具体的な債権がこれから将来に向かって発生する際の基礎となる債権です（このことから，定期金債権を「基本権」とよぶ）。これに対して，一定期日の到来により定期金債権（基本権）から具体的に発生した債権が定期給付債権です（「支分権」とよばれる）。民法は，両者を区別しています。

② その他の債権の短期消滅時効（第170条から第174条）

第170条以下は，1～3年の時効期間に服する債権を個別・具体的に定めます。これらの短期消滅時効に関する規定は，職業ごとに，対象となる債権の時効期間が異なっています。なお，これらの債権の時効期間が短期とされた理由は，「日常頻繁に生ずる少額の債権については，受領書が交付されないことが多いし，交付されてもそれが保存されないことが多いので，法律関係の早期安定のため」等と説明されています（もっとも，現行の短期消滅時効制度に対しては，理論的にも実務的にも様々な問題点が指摘されており，廃止が検討されている）。

③ 判決等で確定した権利の消滅時効

[第174条の2] (判決で確定した権利の消滅時効)

　第1項前段は，確定判決によって確定した権利について，一律に10年の消滅時効にかかると定め，第1項後段は，確定判決と同一の効力を有する裁判上の和解，調停等によって確定した権利についても，同じく10年の消滅時効にかかると定めます。

　第2項は，確定の当時，いまだ弁済期の到来していない債権については，第1項の適用をしないと定めることから，そのような債権に対しては，確定判決により権利が確定されたとしても，従前どおり，短期消滅時効の規定が適用されることになります。

　なお，第174条の2は，昭和13（1938）年に追加されたものです。それ以前は，特に定めがなかったことから，特に10年よりも短い時効期間に服する権利の扱いについては，判決確定後，再び短期消滅時効に関する規定の適用を受けるかどうかが問題とされていたために立法されたものです。

---

第2部「セカンドステップ」で勉強すること
　32　時効制度の存在理由，時効とはどのような制度と考えればよいのか。
　33　時効を援用することができる「当事者」とは，どのような者を指すのか。
　34　時効の利益の放棄とは，どんな場合に認められ，どのように考えればよいか。
　35　取得時効をめぐる種々の問題。
　36　消滅時効類似の制度には，どのようなものがあるか。
　37　特に債権の消滅時効の起算点につき，どのように考えればよいか。

# 第2部　セカンドステップ

　法治主義からは，法的思考とは「三段論法」になります。
大前提：条文には，事実AとBがあればCという権利が発生すると書いてある。
小前提：今回の問題では，事実Aと事実Bがある。
結　論：したがって，今回の問題では，権利Cが発生する。

　ところで，「おじさん」という言葉が「中年男性」なのか「親戚の叔父さん」なのかは，文脈で決まります。全く同じように，条文で使われている「第三者」や「過失」あるいは「対抗」等，すべての言葉の意味は文脈で決まります。したがって，「この言葉の意味は，民法全体で同じ意味で使われている」と考えて，英単語のように言葉の意味を暗記するのは，間違っています。

　「この条文は，何を実現（保護）するための条文なのか？」を理解して，「そうであれば，この用語の意味は広く（緩やかに）・狭く（厳格に），考えていくことになる」という思考過程が，「法的な思考」なのです。

　法解釈においては，全く個人的な価値判断ではなく，社会一般の正義・公平感覚を反映したコンセンサスに依拠しつつ，既に蓄積された考え方との整合性と，類似の事例への普遍化可能性を保つことが必要となります。

　＊略語一覧（第2部で引用の判決）
　・最判　最高裁判決
　・民集　最高裁判所民事判例集／大審院民事判例集
　・刑集　最高裁判所刑事判例集
　・判時　判例時報（雑誌名）
　・判タ　判例タイムズ（雑誌名）
　・大判　大審院判決（戦前の最高裁）
　・民録　大審院民事判決録
　・新聞　法律新聞
　・評論全集　法律学説判例評論全集

# 1 民法における基本的な法律用語の意味と使い方

## 1 及び，並びに，又は，若しくは，かつ

　AもBもと並列させる場合に用いるのが「及び，並びに」で，英語の and にあたります。これに対して，AかBのどちらかというように選択的に用いるのが「又は，若しくは」で英語の or にあたります。さらに，「並びに」は，AもBもという並列的接続詞ですが，A・BグループとCをつなぐときに，小さい接続詞に「及び」を用い，大きい接続詞に「並びに」を用います。例えば，第398条の3は「根抵当権者は，確定した元本並びに利息その他の定期金及び債務の不履行によって生じた損害の全部について，極度額を限度として，その根抵当権を行使することができる。」と定め，大きく元本と元本以外のグループの2つに分け，さらに元本以外のグループを「定期金」と「損害」に分けています。これは元本と元本以外は，性質が異なるからです。

　「若しくは」と「又は」は同じ選択的接続詞ですが，「又は」は大きいグループで用い，「若しくは」は小さいグループをさらに分けるときに用います。例えば，第120条2項は，「詐欺又は強迫によって取り消すことができる行為は，瑕疵ある意思表示をした者又はその代理人若しくは承継人に限り，取り消すことができる」とし，やはり性質の異なる者を，意思表示をした本人と他の者とで区分しています。

　「かつ」も条文の中でよく用いられます。例えば，第162条1項の「平穏に，かつ，公然と」というように一体性や密接不可分性を強調する場合と，第117条1項の「自己の代理権を証明することができず，かつ，本人の追認を得ることができなかったときは」のように2つの文章の連結に重点を置く場合に用いられます。

## 2 時，とき，場合

　これらは，それぞれ異なる意義を持ちます。「時」は，時点や時刻を強調する場合に用います。例えば，第31条の「期間が満了した<u>時に</u>」，又は「危難が去った<u>時に</u>」では，死亡の時点が何日の何時何分かが重要となります。これに

対して，第30条1項の「生死が7年間明らかでない<u>とき</u>は」は，機能としては，次に掲げる「場合」と同じであり，どちらも仮定的条件を表します。例えば，第23条1項の「住所が知れない<u>場合</u>には，居所を住所とみなす」のように，その時点や時刻が問題なのではなく，その事実が存在するか否かの仮定的条件を示しており，その条件が充たされたときに，何らかの結論（効力や作用）が導かれます。

この「場合」と「とき」が用いられる特徴的な場合として，大きい条件と小さい条件が二重に課される場合があります。例えば，第27条2項は「不在者の生死が明らかでない<u>場合</u>において，利害関係人又は検察官の請求がある<u>とき</u>は，」と規定して，先に大きい条件を「場合」で示し，これを前提として，次に小さい条件を「とき」で掲げ，この両者の条件を充たした場合において，何らかの結論を導びくときに用いられます（第26条・32条の2等も参照）。

## 3　無効，取消し，撤回，解除，告知

　これらは，一度おこなった法律行為の効力を失わせる点で共通します。無効は，当事者の意図した法律上の効果が初めからまったく生じないことをいいます。例えば，他人の生命・身体・財産を害するような契約（合意）について，第90条は，公序良俗違反の法律行為を無効として，一切当該意思表示の効力を否定し有効となることがない（第119条）としています（絶対的無効）。

　これに対して，取消しは，制限能力者や詐欺・強迫の被害を受けた一定の権利者（第5条2項・96条）に対して，合意の効力を維持するか，又は消滅させるかを特別に選択させるものです。取消権者が取消しの意思表示を行った場合には，無効となる（第121条）ため，最初に遡って意思表示の効力が消滅します。

　撤回は，意思表示をしたが，また効力が発生する前にその法律行為の効果を将来に向かって消滅させる行為です。例えば，第550条は，「書面によらない贈与は，各当事者が撤回することができる」，と規定しています（第521条1項・1022条参照）。類似の効力化が生じる法律用語として告知があります。告知は，知らせるという意味と，契約の効力が一時的又は継続的に発生している場合にその効果を将来に向かってのみ消滅させるときに用いられます。ところが，民法は，賃貸借契約や雇用契約を将来に向かって消滅させることを「解

除」と規定します。しかし，解除は，第545条で規定されているように，最初に遡って効力を消滅させるものであると解釈されていますから，いったん生じた効力を将来に向かってのみ消滅させる場合には「(解約)告知」が正確であることになります。

## 4　みなす，推定する

どちらも将来の事実が明確でない場合に，法律関係を確定できない状態を回避するための概念です。例えば，「みなす」は，生死が不明であるにもかかわらず第31条で「死亡したものとみなす」と規定し，一定の要件の下で法律上の取り扱いを定めています。死亡と扱うことによって相続や再婚が可能となります。この場合，異なる事実を証明されただけでは法律効果が変わらず，元の手続きを変更する必要があります。

「推定」は，事実が明確でない場合に，例えば，第32条の2では「同時に死亡したものと推定する」と定めることによって，仮に法律関係を決めておくものです。ただし，前提となった事実と異なる事実が証明されたときは，推定によって生じた法律関係が覆ることになります。

## 5　善意，悪意

善意は，法律効果の前提となる事実や事情を知らないことであり，悪意はこれを知っていることをいい，道徳的に良い・悪いという意味ではありません。例えば，第32条は「善意でした行為の効力に影響を及ぼさない」，第190条で「悪意の占有者」と定めています。知・不知の対象となる事実は，各条で異なりますので，注意が必要です。

## 6　故意・過失・重大な過失

故意は，相手方の利益を侵害することを意図して行うことであり，過失は，相手方の利益を侵害する意図はないが，不注意や注意義務違反等によって他人の権利を侵害することをいいます。具体的には，第130条では「当事者が故意にその条件の成就を妨げたときは，」，第112条・117条では「過失によって知らなかったときは，この限りではない」等と定めます。

また，重大な過失（重過失）とは，注意義務違反の程度が甚だしい場合をい

います。例えば、第95条ただし書きは、「表意者に重大な過失があったときは、表意者は、自らその無効を主張することができない」と定め、本来主張できる無効を主張できなくなるとしています。また、「悪意又は重大な過失」とあわせて保護の対象から外すときにも用いられています（第470条・698条等）。

## 7　当事者，第三者

当事者とは、売主Aと買主B等のような売買契約の当事者をいい、買主Bから売買目的物の譲渡（転売）を受けたCが第三者（転得者）になります。AがBの詐欺により契約を取り消す場合には、Aが本人であり、Bが相手方になります。Aが契約を取り消す前にBがCに譲渡していた場合は、AからみてCが第三者となります（第96条3項）。譲渡人AからBとCが同じ不動産や動産を双方が譲り受けていた場合（二重譲渡）、Bから見てCが第三者であり、Cから見てBが第三者になります（第177条・178条）。

## 8　対　抗

対抗とは「相手に自分の権利を主張する」という意味です。民法では、主に2つの意味で用いられます（この他にも幾つかの意味があります）。

第1は、例えば、通謀虚偽表示が無効（第94条1項）としても、転売を受けた善意の第三者には無効を主張することができない（第94条2項）という場合です。この場合は、当事者間の無効という効果は第三者に及ばない、という意味です（第96条3項・第112条参照）。

第2は、例えば、合意によって不動産の所有権移転（第176条）自体は成立したとしても、他に権利を取得した者に対して、その帰属又は優先権を主張するためには、さらに不動産登記（第177条）という事実（対抗要件という）を満たす必要がある、という場合です（第178条・467条2項参照）。第1の場合と異なり、争う者に対してだけ、さらに追加の事実（要件）を満たすことが要求されている点に注意が必要です。

なお、法律では、「以上、以下、超える、未満、以前、以後、前、後」についても、厳密に使い分けられています。次項目と第2部12「一般社団法人等の法的責任関係」の関連知識を参照して下さい。

## 2 法律や条文の解釈とは，具体的にはどのような作業なのか

　実際の取引社会では，経済的，文化的，技術的に日々発展しており，種々の新たな事件が発生します。これらすべての事件に適用される法律が用意されているわけではありません。それらの事件が裁判になったとき，法をどのように適用すべきでしょうか。その事件に直接該当する条項があれば，その条項を直接に適用して，当事者の権利義務の存否を判断することができます。しかし，その事件に直接該当する条項が存在しない場合や類似の条項が存在するにすぎない場合，関連条項は存在しても抽象的であったり，そのまま適用すると妥当でない場合もあります。このような場合に妥当な結論を導くためにさまざまな解釈が行われてきました。

　民法における解釈技術としては，文理解釈，論理解釈，目的論的解釈，拡張解釈，縮小解釈，類推解釈，反対解釈等があるとされています。

### 1　文理解釈・論理解釈・目的論的解釈等

　文理解釈とは，その法律に用いられている当該条文の普通の意味に従い，文法に従って解釈することをいいます。文理解釈は，第一次的には解釈の基本となりますが，文字どおりの解釈をするため，条文の文言どおりでない事件が発生した場合には対応できないという欠点があります。

　これに対して，論理解釈は，文理解釈のように条文の文言のみにとらわれることなく，民法を1つの論理的体系に構成しこれと調和させながら各条文を解釈しようとするものです（体系的解釈ともいう）。さらに，その具体的な方法として，法規の立法当時の目的，意味を明らかにし，これに基づいて解釈する立法者意思解釈や目的論的解釈も論理的解釈と矛盾対立するものではないといわれています。

### 2　拡張解釈・縮小解釈

　拡張解釈とは，文理解釈や論理解釈等より広く解釈するものです。例えば，第85条は「物とは有体物をいう」と規定しますが，民法の解釈では，電気や酸素等も計測軽量が可能な場合には物と同様に扱っています。電気を「有体

物」と同様に扱うのは、次の類推解釈でも無理があり、拡張解釈の一例となっています。

これに対して、縮小解釈とは、各条項の文言を制限的に解釈するような場合です。例えば、第94条2項では「第三者」という用語を使用しますが、この第三者は当事者以外の全員という意味ではなく、「作出された虚偽の外形を前提に新たに取引に入った第三者」だけを意味します。第94条2項は、このような第三者だけを保護するための規定であり、その他の者は関係ないからです。

## 3 類推解釈・反対解釈

類推解釈とは、甲事実に関する規定を、甲との類似性を理由に乙事実に適用することをいいます。一定の範囲内でその条文と同じ効果を生じさせるのが妥当である場合に行なわれる解釈方法です。例えば、第94条2項は、通謀がある場合にのみ直接適用される規定ですが、一定の場合について、通謀が行なわれなかったが、後にその事実を知りながら黙認したような場合にも第三者を保護するために類推適用を認めています。

これに対して、反対解釈は、甲事実に関する規定を、甲事実以外に適用しないという解釈であり、類似性がある場合でも法の適用を否定する解釈方法です。例えば、第146条は反対解釈が可能と解されています。

民法では、損失の公平な分担のために、法の趣旨の範囲内で類推適用が認められていますが、刑法や租税法等では、罪刑法定主義、租税法律主義等の原則から、拡張解釈や類推解釈は禁止されています。

以上の解釈方法については、どの条文について、どの解釈方法を採るのか、ということが決まっている訳ではありません。言葉にはどうしても意味の幅があるため、その条文が設けられている意味や役割を踏まえた上で、各条文で用いられている文言の意味や範囲をどのように考えるか、が解釈なのです。

> **関連知識**
>
> 「以上、以下、超える、未満」
> 「10万円以上」は、10万円丁度を含めてそれを超える場合であり、「10万円以下」とは10万円丁度を含みそれよりも額が少ない場合をいいます。単に「10万円を超える」とは10万円丁度を含まずそれより多い場合をいいます。「10万円未満」とは、10万円丁度を含まずそれよりも少ない場合です。

# 3　民法の基本原理とその修正

　学説は，以前から民法全体に共通する基本原理として，所有権絶対の原則，契約自由の原則，過失責任の原則等をあげてきました。この基本原理は，歴史的に民法典が根幹としてきた諸原理であり，そもそも人はなぜ権利を取得することができるのか，人はなぜ義務や責任を負担しなければならないのか，それらの根拠を基礎付けたものです。この基本原理は，歴史の変遷や社会状況の変化に応じて修正が加えられてきました。

　これに対して，民法は，第1条で述べたように，一般条項（基本原則）を規定し，すでに取得している権利についてその行使が制限されたり義務が課されることを規定しています。

　この両者は，同じ基本原則という名称が用いられる場合が多く，その位置づけや性質の差異に注意が必要です。本書では，前者を基本原理，後者を一般条項（基本原則）として区分しています。以下では，前者の基本原理の内容とその修正について説明します。

## 1　所有権絶対の原則

　わが国は，私有財産制度を採用し，土地所有も含めて個人の財産権を保障しています（憲法第29条）。これに基づいて私たちの所有権その他の権利の取得及び保持が保障され，さらに民法（第206条）その他の法律によって所有権その他の財産権の保護が具体化されています。ただし，所有権その他の権利は，必ずしも絶対的な権利ではなく，民法第1条の一般条項だけではなく，民法の個別規定（第209条以下の相隣関係等），建築基準法等の特別法，さらには判例法等によって制限される場合があります（所有権絶対原則の修正）。

## 2　契約自由の原則

　法律によって直接権利義務が発生する場合を除き，人の債権債務は，当事者の合意によって成立します（私的自治，意思主義，自己決定）。また，法律によって制限される場合を除き，自由に契約を締結することができます。原則として，契約の内容，方式，相手方を自由に決めることができるとされています。

しかし，現実には事業者が約款（やっかん）等で一方的に価格や契約内容を決めてしまい，ほとんど交渉の余地がない場合が少なくありません（契約自由の事実上の制限）。また，事業者が自己に有利で相手方に不利益な内容の契約を不当な方法で結ばせることもあります。そこで，民法（公序良俗，詐欺・強迫等）や特別法（消費者契約法，利息制限法，借地借家法，特定商取引法等）は，当事者の契約や事業者が定める約款の効力を一定の範囲で制限しています（契約自由原則の修正）。

## 3　過失責任の原則

人はなぜ自分の行為に責任を負わなければならないか。民法は，経済的損失の公平な分担を決めるため，過失（不注意・落ち度）等のある者に責任を課しています（第415条や第709条等）。これによって，私たちは，社会生活や企業活動について，いたずらに責任を負わされることなく平穏に又は合理的に営むことができることになります。これは「過失なければ責任なし」という法格言にも表れています。ただし，被害者に過失を証明させることが困難な場合にもこの原則を貫くと，事業者の行為によって多数の被害が発生している場合でも事業者は責任を免れることになります。そこで，危険な事業活動により利益を挙げている場合には，過失がなくても加害行為に対して責任を負うという無過失責任が例外的に導入されています。例えば，民法の土地工作物責任（第717条）や特別法の鉱業法第109条，水質汚濁防止法第19条，原子力損害賠償法第3条等です（過失責任の修正）。

## 4　権利能力平等の原則

すべての人間は生まれながらにして平等な権利能力を有するという原則です。最近では，この原則を上記の3つの原則よりも上位の原則としてあげる学説が多くなっています。この原則は，民法には直接の明文規定はありませんが，第3条1項・第2条，憲法第14条等がその根拠条文としてあげられています。

# 4 権利濫用の基準と信義誠実原則との関係

　第1条2項の信義誠実の原則及び同3項の権利濫用の禁止は，どちらも一般条項であるため，これらの条項を柔軟に適用し妥当な結果を導くことができる点で意義を有します。しかし，他方では恣意的な適用が可能になるという問題を含んでいます。例えば，権利濫用は，公共事業との関係では主観的要素がなくても広く認められる傾向にあり，どのような基準で適用されるのか必ずしも明確ではありません。また，信義則と権利濫用の差異や両者の関係を明確にすることなく，「信義則に違反し権利濫用にあたる」として権利の主張を制限する例が多く見られます。ここでは，権利濫用が適用される基準と信義誠実原則との関係について整理します。

## 1　権利濫用の成立要件

　一般論として，権利濫用が成立するためには，主観的要件（相手方を害する意図，相手方から不当な利益を得るため）と客観的要件（双方当事者の利益・損害の比較衡量）が必要であるとされています。宇奈月温泉事件（大判昭和10年10月5日民集14巻1965頁）にみられるように，所有者Aが所有する2坪の土地上に温泉経営者BがAの許可なく引湯管を引いていた場合において，Aが所有権を本来の目的（使用・収益；引湯管の撤去）のために行使するのではなく，引湯管の迂回工事には莫大な費用がかかるという弱みに付け込んで不当な利益を得るために行使するようなときには，主観的要件を充たします。ドイツ民法第226条では，「他人に損害を加える目的しか有しない権利の行使は許されない」として，主観的要件を明示しています。

　これに対して，客観的要件は，両当事者の不利益の比較考量によって決まります。例えば，上記所有者AはBの行為によって受ける不利益は小さいが，Aの主張を認めたことによるBの不利益は極めて大きいという場合です。Bの不利益が多い場合に客観的要件を充たすことになります。この双方の要件を充たす場合はよいのですが，裁判例には，客観的利益が強ければ主観的要件を問題とすることなく権利濫用を認めたものがあります（板付基地事件；最判昭和

40年3月9日民集19巻2号233頁)。

では，双方の要件をどのように考えるべきでしょうか。恣意的な適用を回避するためには，双方の要件を必要とすべきでしょう。第1条3項の権利濫用は，同1項の公共の福祉，同2項の信義誠実の原則に続いて規定されています。不利益を受ける者に対する手続保障が十分に行われることを前提に，不利益を与える側の公共性が強い場合に限定して客観的要件を軽減することが許されると考えてはどうでしょうか。

## 2 効 果

権利濫用が成立した場合，次のような効果が生じるとされています。①権利の効力不発生（所有権に基づく妨害排除請求権が効力を有しない），②損害賠償（他人に損害を加える違法な行為として損害賠償責任を負わされる），③権利の剥奪（幼児虐待等の場合に第834条の親権を喪失する）等です。

## 3 第1条2項と3項の関係

第1条2項の信義則と同3項の権利濫用については，裁判例等でも「信義則に違反し権利濫用に該当する」という用い方が多く見られます。両者の関係をどのように考えるべきでしょうか。

第1に，信義則と権利濫用の禁止は，私人間の利益調整を目的とする点で共通するが，その適用範囲を異にするとする見解があります。即ち，信義則は当事者間に特殊な法律関係がある場合に適用され，権利濫用はそのような関係にない場合に適用されるとする見解です（我妻説等）。

第2に，権利濫用の禁止は，信義則のひとつの適用形態にすぎないとする見解，両者の区分が困難な場合もあり，その適用要件において双方の規定に明確な差異がなく，その区分に神経質になることはないとの見解があります。

第1項の公共の福祉，2項の信義則，3項の権利濫用は，それぞれの異なる沿革，要件，機能を有します。特に，権利濫用においては，前述のように，主観的要件と客観的要件の2つに分け，一定の具体的な基準に基づいてその成否を決める努力が行われてきました。適用範囲が重複する場合はあるとしても，一般条項の恣意的な適用を排するためには，それらの条項の独自の意義を明確にし，柔軟な解釈の余地は残しつつも，さらにその要件を明確にしていくことが望ましいのではないでしょうか。

# 5 胎児を当事者として為された行為の効力は，どうなるのか

　胎児であっても，損害賠償請求（第721条），相続（第886条），遺贈（第965条）については，既に生まれたものとみなされます。しかし，胎児に損害賠償請求権や相続権が認められるとしても，実際に，胎児が自ら損害賠償を請求したり，遺産分割をしたりすることはできないため，母親等が胎児に代わって（代理して）損害賠償請求や遺産分割をすることが考えられます。しかし，胎児の段階において，母親が胎児を代理して胎児の権利を処分することができるかどうかについては議論があります。

## 1　胎児と不法行為

　例えば，Aが踏切事故でB社の運行する電車に轢かれて即死した場合において，A死亡当時，Aの妻Cは胎児Dを妊娠していたとします。Cは，Dも被害者だとして（第709，711条），Dの出生前にDを代理してBとの間で和解契約を締結し，その後一切損害賠償を請求しないことを約束しました。しかし，Dの出生後，Dは改めてBに対して損害賠償を請求しました。Dは，Cが締結した和解契約に拘束されるのでしょうか。

　これに類する事件を扱った著名なものに阪神電鉄事件（大判昭和7年10月6日民集11巻2023号）があります。この判決では，胎児の段階ではいまだ胎児に権利能力はなく，母親Cは胎児を代理することはできないので，CがDを代理しておこなったBとの和解契約も無効とされました。

　このような考え方を「停止条件説」とよびます。この見解は，第721条の「既に生まれたものとみなす」の意味は，胎児が生きて生まれてきて初めて胎児のときから権利能力をもつという意味だと解します。つまり，無事に出生して初めて遡って胎児の段階から権利能力があったことになります。とにかく出生の時点まで行かないことには始まらないという考え方です。胎児が生きて生まれてくるという条件が満たされて初めて胎児の時点から権利能力が認められるのであり，その条件が満たされるまでは胎児の権利能力という効果が停止しているので停止条件説とよばれます。したがって，停止条件説では，生きて生

まれてくるかがどうかはっきりしない胎児の段階では権利能力は認められず，無事に出生した後に初めて子を代理して胎児の段階での不法行為について損害賠償を請求することができることになります。

　これに対して，学説の有力説は，胎児の段階でも代理することができると主張します。即ち，胎児の段階から既に権利能力は認められ，ただし，もし死産であった場合には，遡って最初から権利能力がなかったものとなるという考え方です。このような考え方を「解除条件説」とよびます。死産という条件が満たされたときには胎児の権利能力という効果が解除されるが，そのような条件（死産）が発生しない限りは，胎児も権利能力を有するので解除条件説とよばれます。したがって，解除条件説では，胎児の段階において既に権利能力（損害賠償を請求する資格）があるので，母親は胎児を代理して損害賠償を請求することができます。

　解除条件説は，胎児の段階において，即ち早い段階において損害賠償を請求できるので，加害者の資産状態が悪化しないうちに損害賠償を請求できるという利点があります。しかし，代理人が胎児の利益を適切に代表しないという危険性もあります（前掲の「阪神電鉄事件」における和解契約は胎児の利益を損なうものといえます）。そこで，解除条件説に立った上で，胎児の期間における代理は保存行為（第103条1号参照）に限定すべきとする見解もあります。

## 2　胎児と相続

　例えば，夫婦に初めての子が生まれる2日前に夫が交通事故で即死したとします。胎児に権利能力がない（相続人ではない）となると，夫の財産は，妻や夫の両親が相続することになります（第889条1項1号・890条）。しかし，もし胎児の出生後に夫が死亡したとすれば，夫の財産は，妻と子が相続することになります（第887条1項・890条）。ほぼ生まれてくることが確実である胎児が，生まれてくるのが少し遅いために相続から排除されるのは不公平なので，相続に関しては胎児にも権利能力が認められます（そうしないと，胎児に相続させようとして，帝王切開をしたり，陣痛促進剤を投与することにもつながりかねない）。

　では，胎児の段階において胎児の母親が胎児を代理して遺産分割（第907条

5 胎児を当事者として為された行為の効力は，どうなるのか

参照）をすることもできるでしょうか（ちなみに，母親も相続人であって遺産分割の当事者である場合は第826条1項も問題となる）。解除条件説に立てば，胎児にも権利能力が認められ，胎児の段階において胎児も含めた遺産分割も可能です。しかし，胎児が死産の場合，その遺産分割は無効となり，再度，胎児の存在を前提としない遺産分割をやり直さなければなりません。他方，停止条件説に立てば，胎児の段階において胎児に権利能力はないので胎児を含めた遺産分割はできません。しかし，出生後に胎児が取得するであろう相続財産を胎児の段階から母親が管理する必要性も否定できません。

そこで，相続の場面でも保存行為のみの代理を認めるという考え方も可能です。実際，不動産登記実務においては，法定相続分にしたがった胎児名義での相続登記が認められています（「亡○（○は夫の名前）妻△（△は妻の名）胎児」と記載される）。そのため，登記実務では解除条件説が採られているといわれることもあります。しかし，これは胎児名義で登記ができるというだけに過ぎず，胎児段階における遺産分割（権利処分）まで肯定しているわけではありません。胎児段階における遺産分割に基づく登記を申請しても受理されないと考えられます。

> 関連知識
>
> **相続の根拠**
>
> ある人が死亡した場合，その人の財産はなぜ配偶者や子などに相続されるのでしょうか。これについてはいくつかの考え方があります。①血縁関係があるから相続する，②配偶者や子は被相続人の財産形成に一定の寄与や協力をしているから相続する，③被相続人と共に生活をしてきた遺族の生活保障のために相続する，④被相続人の意思を尊重して相続する，等の考え方です。しかし①血縁のない配偶者に相続権があるのはなぜか，②被相続人の財産形成にまったく寄与していない家族にも相続権があるのはなぜか，③生活保障以上のものを相続できるのはなぜか，④民法の定める相続人は本当に被相続人の希望する人か等，現在の相続制度を上記のいずれか一つの根拠によって統一的に説明することは困難だといわれます。この原因は，現在の相続制度が，戦後に一定の理念に基づいてまったく新しく作られた制度ではなく，それ以前の過去の時代時代の社会の要請に応えながら変遷してきた歴史的産物であることにあるともいわれます。しかし，今後は，社会の要請に応えつつも，統一的根拠によって説明できる分かりやすい相続制度を考えていくことも重要ではないかと思います。

第２部　セカンドステップ

## 6 後見制度の実態，実情について
──改正とその活用状況

　後見制度には，「未成年後見制度」と「成年後見制度」があり，成年後見については平成11年に大改正が，未成年後見についても平成23年にいくつかの改正がありました。新制度施行以来，最高裁判所事務総局家庭局は，毎年，統計「成年後見関係事件の概況」を公表しています（裁判所のウェブサイト（http://www.courts.go.jp/）の「裁判所について」中，「公表資料」の「成年後見関係事件の概況」参照）。

### 1　成年後見制度

　平成12年4月に施行された新成年後見制度は，改正前と比べて，利用件数は大幅に増加したと評価することができます（表1参照）。

表1　成年後見関係事件申立件数

|  | 平成11 | 平成12 | 平成16 | 平成20 | 平成22 | 平成25 |
|---|---|---|---|---|---|---|
| 後見開始 | 2,963 | 7,541 | 14,485 | 22,532 | 24,905 | 28,040 |
| 保佐開始 | 671 | 884 | 1,634 | 2,539 | 3,375 | 4,510 |
| 補助開始 |  | 621 | 790 | 947 | 1,197 | 1,282 |
| 任意後見監督人選任 |  | 51 | 220 | 441 | 602 | 716 |

※平成11年の数字は，改正前の禁治産宣告および準禁治産事件の新受件数

　成年後見，保佐，補助は，家庭裁判所が後見等の開始の審判をしたときに開始します（第7条・11条・15条）。この審判は，本人，配偶者，4親等内の親族等が申し立てることができますが，身寄りのない高齢者等については，親族による申立ては期待できません。そこで，平成11年改正では，身寄りのない高齢者等に対する迅速かつ適切な成年後見の開始を確保するために，市町村長にも申立権が与えられました（老人福祉法第32条等）。市町村長による申立件数は年々増加する傾向にあり，平成25年は5,046件（全体の約14.7%）に達しています（表2参照）。

表2　申立人と本人との関係別割合（％）（平成25年）

| 本人 | 配偶者 | 親 | 子 | 兄弟姉妹 | その他の親族 | 検察官 | 市町村長 | その他 |
|---|---|---|---|---|---|---|---|---|
| 9.2 | 6.6 | 5.3 | 34.7 | 13.7 | 13.4 | 0.006 | 14.7 | 2.4 |

　成年後見人等は，家庭裁判所が後見開始等の審判をするときに，職権で適任者を選任します（第843条・876条の2・876条の7）。平成25年に選任された成年後見人等内訳は，本人の配偶者，親，子，兄弟姉妹等の親族後見人が全体の約42.2％であるのに対して，弁護士，司法書士，社会福祉士等親族以外の第三者後見人が全体の57.8％であり，年々，第三者後見人の割合が増加する傾向にあります（表3参照）。成年後見制度の利用増加に伴って，より適切な後見人等候補者をいかに確保するかは重要な問題となっています。弁護士等の専門職後見人の数にもおのずと限界があり，近年，一般市民による市民後見人の養成がさまざまな団体において実施されています。

表3　成年後見人等と本人との関係別割合（％）（平成25年）

| 配偶者 | 親 | 子 | 兄弟姉妹 | その他の親族 | 弁護士 | 司法書士 | 社会福祉士 | その他 |
|---|---|---|---|---|---|---|---|---|
| 3.5 | 2.9 | 22.8 | 6.1 | 6.9 | 17.6 | 21.9 | 10.0 | 8.3 |

## 2　未成年後見

　平成23年6月，児童虐待の防止を目的とする民法の一部改正において，未成年後見制度も一部が改正されました。この改正において，既に成年後見制度では認められていた，複数後見や法人後見が導入されました（第857条の2・840条3項参照）。この改正の背景には，未成年後見人のなり手が少ないという現実もあるとされています。その理由として，報酬や費用が得られないことが多いこと，未成年者による不法行為について後見人が責任を負うおそれがあること（第714条・709条）等が指摘されています。平成25年度の未成年後見人の選任申立ては2,366件，認容率は89.8％となっています。未成年後見人に対する報酬につき公的支援制度の必要性等が指摘される中，厚生労働省は児童相談所長が未成年後見人の選任申立てをした場合の「未成年後見人支援事業」を立ち上げています。

第2部　セカンドステップ

　ところで，近年，後見人等による横領等の不正行為事件が大きな問題になっています。親族後見人が刑事責任を追及された場合において，最高裁は，家庭裁判所から選任された後見人の後見事務は公的性格を有するとして，親族相盗例の適用はないとしています（未成年後見について最決平成20年2月18日刑集62巻2号37頁。成年後見について最決平成24年10月9日刑集66巻10号981頁）。また，最高裁判所は，平成24年2月，成年被後見人または未成年被後見人の財産のうちから通常使用しない金銭を信託銀行等に信託する，後見制度支援信託を導入しました（平成25年において信託された金銭の平均額は約3,700万円）。

> **関連知識**
>
> **任意後見制度**
> 　成年後見制度には，民法に定められたいわゆる法定後見制度のほかに，任意後見制度があります。これは，本人が判断能力を有する間に，本人自らが成年後見人を選んでおき，能力が低下したときに，本人に必要な法律行為を行ってもらうことを契約しておく制度です。たしかに，従来の民法の枠組みの中で通常の任意代理制度を利用することも考えられます。通説は，本人が意思能力を喪失しても代理権は存続すると解しているからです。しかし，本人が意思能力を失った後は本人による監督は期待できません。そこで，任意後見契約は，家庭裁判所による後見監督人の選任を条件として効力を生ずることとしました。任意後見制度は，「任意後見契約に関する法律」という特別法に基づく制度です。
> 　任意後見制度では，本人（委任者）と将来任意後見人になる者（任意後見受任者）が任意後見契約を結びます。さらに，任意後見契約では，「任意後見監督人が選任された時からその効力を生ずる」という特約が付されます（任意後見第2条）。これによって，本人が意思能力を喪失した後も，代理人による事務処理に対する一定のコントロールが働くことになります。この契約の締結後に，本人が精神上の障害によって事理を弁識する能力が不十分になったとき，家庭裁判所は，本人，配偶者，4親等内の親族，任意後見受任者のいずれかからの請求によって，任意後見監督人を選任します（任意後見第4条1項）。任意後見監督人が選任されて任意後見契約の効力が生ずると，任意後見受任者は任意後見人となり，本人から委託された事務を処理します。
> 　任意後見制度は，あらかじめ自分で後見人を選んでおくという点で，後見，保佐，補助などの法定後見制度よりもより本人の自己決定に沿った制度といえます。したがって，法定後見と任意後見では，原則において，任意後見が優先します。任意後見契約が存在するにもかかわらず法定後見が開始するのは，「本人の利益のために特に必要がある」場合に限られます（任意後見第10条1項）。

## 7 制限行為能力者の詐術は，どのように判断されるのか

　第21条は，制限行為能力者が詐術を用いたときは，取引の安全の観点から，その行為はもはや取り消すことができないと定めています。では，第21条の「詐術」とは具体的にどのような態度を意味するのでしょうか。

　従来の判例は，制限行為能力者が自らが能力者であることを相手方に積極的に信じさせる手段を用いた場合のみが詐術であるとしていました。例えば，後見開始の審判（第7条）を受けると，後見登記ファイルに記載されますが，その後見登記の内容の証明書を後見開始の審判を受けていないように偽造して，相手に提示するような場合のみが詐術に当たるとの考え方です。

　しかし，最高裁は，たとえ「無能力者であることを黙秘していた場合でも，それが，無能力者の他の言動等とあいまって，相手方を誤信させ，または誤信を強めたものと認められるとき」にも詐術に当たると判示しました（最判昭和44年2月13日民集23巻2号291頁）。例えば，準禁治産者であることを口には出さなかったが，取締役副社長と表示する名刺を相手に見せた場合にも詐術ありとする裁判例があります（東京地判昭和58年7月19判時1100号87頁）。他方，身分証明書代わりに運転免許証を提示して契約をしたケースでは詐術に当たらないとする裁判例もあり（名古屋高判昭和61年1月30日判時1191号90頁），結局は，当該事案における一連の経過および諸般の事情を総合的に勘案して判断するしかないともいえます。そして，その際には，相手方に何らかの確認手段が存したか否か，その確認を現実にどの程度期待することができたかも判断要素の一つとなるように思われます。取引の安全といっても，取引の相手方が，10歳児または会話が成立しない高齢者の場合と19歳または見た目はしっかりしている大人の場合では，取引に対する相手方の信頼が異なるからです。

　ちなみに，上記の準禁治産制度時代の判例法理が現在の成年後見制度にも当てはまるかについては慎重に検討すべきとの指摘があります。多くの裁判で問題となったのはかつて準禁治産者とされた浪費者であり，浪費者は現在の保佐制度では排除されており，保護の対象者が従来の準禁治産者の範囲はより狭くなっているとすれば，被保佐人は従来よりも厚く保護されなければならないことを理由とする指摘です。

105

第2部 セカンドステップ

## 8 失踪宣告の取消しにより生じる問題は、どのように考えればよいか。

　第32条1項は、失踪宣告が取り消された場合、失踪宣告後その取消前に善意でした行為の効力に影響を及ぼさないと定め、同2項によると、失踪宣告によって財産を取得した者は、その取消しによって権利を失い、現存利益の返還義務を負うことになります。
　例えば、夫Aが生死不明となって10年が経過し、妻Bは、子の生活費や教育費を捻出するため家庭裁判所にAの失踪宣告の審判を求め、その審判が行われたとします。そして、その審判後に、Bは、A名義の甲土地をBへの相続登記を経たうえでCに売却し所有権移転登記をし、Cは、甲土地をさらにDに売却し所有権移転登記を経由しました。ところが、Aは、失踪宣告の審判から3年後に生きて帰ってきて、家庭裁判所による失踪宣告の取消しの審判を受けたうえで、Dに対して甲土地の返還を請求しました。Dは甲土地をAに返還しなければならないのでしょうか。

### 1　原則と例外

　一度行われた失踪宣告を取り消すためには、①失踪宣告を受けた者が生存していること又は死亡とみなされた時に死亡したものでないこと、②本人又は利害関係人の請求があること、が要件となります（第32条1項）。失踪宣告が取り消された場合、失踪宣告の効果として生じた財産法上・家族法上の権利関係の変動は、原因を欠くことになり、原則として、効力を失います。その結果、取得した利得は返還しなければなりません。また、婚姻は継続していたことになり、相続も開始しなかったことになります。
　ただし、民法は、2つの例外を規定しました。第1は、善意でおこなった行為には影響しないこと（第32条1項後段）、第2は、返還は現存利益の限度でのみ義務を負うこと（第32条2項ただし書き）です（第2部29「原状回復の範囲」を参照）。
　この場合の善意者について、学説は、ＢＣ間の売買契約の当事者の一方が善意であればよいとする見解（取得者善意説）と双方が善意でなければならない

とする見解（双方善意必要説）に分かれています。判例では，契約の場合において，失踪宣告を取り消したにも拘わらず本来の権利状態が回復されないという不利益を生じさせないためには双方が善意であることが必要であるとしたものがあります（大判昭和13年2月7日民集17巻59頁）。

## 2　財産法上の法律関係

　冒頭の例において，双方善意必要説では，ＢＣＤ全員が善意であった場合にのみ，Ａは甲不動産の返還をＤに請求することができないことになります。前掲の大判昭和13年では，その理由を，「失踪者は取り消したにも拘わらず本来の権利状態を回復できないという不利益を受けるので，一方では足りず双方の善意が必要である」とします。これに対して，取得者善意説は，さらに，相対的構成と絶対的構成に分かれます。相対的構成では，取消の効果は失踪者であるＡとＣの間，ＡとＤの間で当事者ごとに個別的・相対的に決すべきであり，Ｃが善意でもＤが悪意であればＤを保護する必要がなく，Ｃが悪意でもＤが善意であればＤを保護すべきであるとします。絶対的構成は，取引の安全を保護するという観点に立ち，Ｃが善意であればＡＣ間の法律関係はＣで確定するので，その後のＤが悪意であっても確定した所有者Ｃから取得するので保護され，反対にＣが悪意であってもＤが善意であればＤは保護されるとします。

　なお，以上と同様の問題は，通謀虚偽表示（第94条），詐欺（第96条）においても生じ，同じく，絶対的構成，相対的構成の見解があります。

## 3　家族法上の法律関係

　婚姻関係においては，夫Ａの失踪が取り消されると妻Ｂが再婚前であれば婚姻は回復します。問題は，妻が再婚している場合です。この場合，再婚当事者双方が善意であったときは，通説・実務（法務省民事局長回答昭和25年2月21日民事甲520号）は前婚が復活しないという取扱いをしています。当事者の一方が悪意である場合は，失踪宣告の取消しにより，前婚が復活して重婚状態が生じるので，前婚については離婚原因となり，後婚については取消原因となるとする見解が有力です。

第2部　セカンドステップ

## 9　法人の種類
――法人にはどのようなものがあるのか

　法人とは，個人の活動から独立した団体自体の経済活動という社会実態を反映するために，個人財産との分離を実現する法技術です。そうすると，どのような団体であれば法人になることができるのか，また，構成員が法人の債務について個人財産から支払う必要があるか否か（無限責任か有限責任か）は，国あるいは時代ごとに政策的な理由から異なってきます。例えば，改正前の第34条は「学術，技芸，慈善，祭祀，宗教その他の公益に関する社団又は財団であり，営利を目的としないもの」として，「公益法人」につき，国または都道府県が所管する主務官庁により設立が許可（「許可主義」という）された上で，指導・監督が規定されていました。しかし，公益法人を隠れ蓑にした活動や公務員の天下り等が問題となり，また，「民間が担う公共」という視点から，2008年に公益法人制度改革が実施されました。具体的には，改正前の民法では同一であった「法人格の取得」と「公益の認定」を分離し，法人格の取得を容易にした上で（一般法人），公益法人となるには認定を必要としました。以下では，私法人に関する現在の制度を概観します。

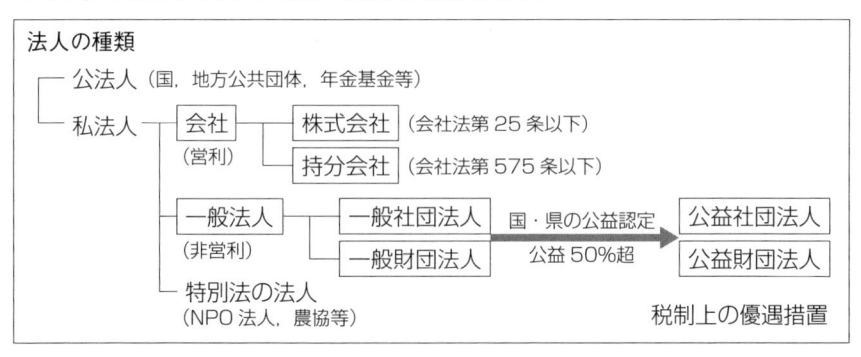

```
法人の種類
├─ 公法人（国，地方公共団体，年金基金等）
└─ 私法人 ─┬─ 会社 ─┬─ 株式会社（会社法第25条以下）
          │ （営利） └─ 持分会社（会社法第575条以下）
          ├─ 一般法人 ─┬─ 一般社団法人 ──┐ 国・県の公益認定 ┌─ 公益社団法人
          │ （非営利）  └─ 一般財団法人 ──┘ 公益50%超      └─ 公益財団法人
          └─ 特別法の法人                                    税制上の優遇措置
            （NPO法人，農協等）
```

## 1　会　社

　構成員（出資者）に利益を分配することを目的とする場合は，会社（営利法人）であり，会社法の適用を受けます。なお，営利とは構成員に利益を分配することであるから（株式会社の配当が代表例），法人自体が利益を得ていても構

成員への分配を目的としていない場合は，会社ではありません（法人自体が蓄財することは問題だが，それは法人が会社か一般法人かとは別の問題。また，役員への報酬や従業員への給料は労働の対価であり法人の経費に過ぎない）。

## 2　一般法人

　営利ではなく公益（不特定多数の人の利益）を目的とする場合や同窓会等特定の人の利益を追求する場合は，一般法人として「一般社団法人及び一般財団法人に関する法律」の適用を受けます（以下，一般法人法といい同法の条文を記す）。

　設立は，社員が目的・名称・所在地等を定めた「定款」を作成し（第10条以下），定款につき公証人の認証を受けた上で（第13条），役員・代表理事を選任して（第15条以下。定款で定めることもできる），法務局において設立の登記をすることによって，効力を有します（第22条・299条）。株式会社等と異なり，社員に剰余金または残余財産の分配を受ける権利を与える定款は，無効となります（第11条2項）。

　一般法人が行う活動は，収益事業と非収益事業とされる公益目的事業に分けられ，法人税法上の「非営利型法人」の要件を満たす法人は収益事業課税，それ以外の法人は全所得課税となります。また，法的には人ですから，住民税（県民税・市民税）を負担しなければなりません。事業年度末の貸借対照表の負債の部（借入金や資本金等）の合計額が200億円以上である一般社団法人は「大規模一般社団法人」（第2条2号）といい，会計監査人を置かなければなりません（第62条）。

　一般法人の設立が不法な目的の場合，1年以上活動をしない場合（休眠法人），または代表理事が権限を濫用した場合等において，公益を確保するため一般法人の存立を許すことができないと認めるときは，法務大臣又は社員，債権者その他の利害関係人の申立てにより，裁判所は，解散を命ずることができます（第261条）。

　ところで，一定の財産を拠出して奨学金等の特定目的に使うことを希望しても，運営能力がなければ上手くいかず，また，自己の財産と分離しておかないと安定性が確保できません（債権者に取られる可能性を排除する必要）。そこで，①運用能力のある人に所有権を「移転」して特定目的にのみ活用してもらうこ

とが考えられます（「信託」という）。確かに，所有権自体を移転するので運用の自由度は高くなります。しかし，受託者が悪用しないとも限りません。そこで，②一定の財産自体が権利義務を有するとして「法人格」を与えて自己の財産の分離を認める制度（装置）が用意されています。これを「財団法人」といいます。一般法人法では，第2章を「一般社団法人」，第3章を「一般財団法人」として，ほぼ同じ内容を規定しています（異なる主な点として，設立時の財産として300万円が必要（第153条2項），純資産額が2年連続で300万円未満となった場合は解散（第202条2項），基金の制度がない（第131条以下参照），法務大臣の広告による休眠法人のみなし解散（第203条）がある）。

## 3　公益法人

　公益法人とは，法人税等が優遇される一般法人です。これは税制優遇という動機付けによって「民間が担う公共」の実現を図るという思想で設計された制度です（「公益社団法人及び公益財団法人の認定等に関する法律」の第1条を参照）。具体的には，一般法人のうち，公益目的事業の費用の比率が全支出の50％以上，その事業を行うに必要な経理的基礎および技術的能力を持つこと，及び理事や社員から雇用される者に至るすべての関係者に特別の利益を与えないこと等の認定要件を満たした法人が，認定申請すれば，民間人委員からなる所管の国や都道府県の合議制機関の公益認定等委員会による答申を経て，行政庁により認定されると，公益社団法人・公益財団法人となることができます（収益事業課税，かつ外形的に収益事業に該当していても公益目的事業として認定されたものは収益事業から除外され非課税）。一般法人は法の規則に準じれば設立できますが（「準則主義」という），公益法人は「認定」を受けなければならず，申請しても認定されない場合もあります。

> **関連知識**
>
> **公益法人**
> 　公益法人協会によると，2014年4月の時点で，一般法人の数は31,900，公益法人の数は9153となっています。著名な公益社団法人としては，日本医師会，ACジャパン，日本将棋連盟等があります。著名な公益財団法人としては，交通遺児育英会，日本財団（旧日本船舶振興会），日本相撲協会等があります。

## 10 権利能力なき社団とは，どんな団体であり，どのように考えればよいか

　民法は，総則・物権・債権・親族・相続と各編に分けて規定されているため，人の集合と財産という点では，総則編に自然人と法人，物権編に共同所有（第249条以下），債権編に多数当事者の債権債務関係（第427条以下）と組合契約（第667条以下），相続編に相続財産法人（第951条）が規定されています。人の結合形態と財産の帰属形態は，表裏一体の問題として，常に関連性を意識しなければなりません。したがって，自然人が個人主義の帰結から本来的に単独所有となるのに対して，法人は，人の結合・財産の共同所有形態の特殊型としての単独所有扱い，として位置づけて理解する必要があります。

### 1　複数の人の活動・結合形態

　第1に，複数人が単発的に一緒に行動した場合は，独立した「複数」の存在（主体）が「単一の行為」を共に行ったに過ぎません。例えば，友達の誕生会のために複数人でケーキを買ったような場合，買主は「複数」であるが，債権の問題として売買契約は「1つ」であり，ケーキの引渡請求権および代金支払義務は「各人」に帰属し，物権の問題としてケーキの所有権も「各人」に帰属します。その上で，「各人」への帰属の仕方が，1つの権利や義務を複数人で有するのか，あるいは分割されて人数分の権利や義務があるのか，という問題が生じます（物権に関して第249条以下，債権に関して第427条以下）。また，相続人が複数いる場合は家族法に規定があります。

　第2に，複数人が共通の目的のために，共同関係に入るという明確な合意を交わす場合があります。例えば，組合の設立は契約として第667条以下に規定されています（講学上は法律行為のうちの「合同行為」といわれる）。「誰と一緒に行為するのか？」という組合員の個性が重視されるため，個人を超えた団体独自性という「実態」はありません。したがって，団体独自の権利・義務や財産という「単一＝法人」と扱うことはできず，例えば団体活動として生じた借金は，組合員の個人財産で返済しなければなりません（第668条・675条。ただし，農協等は特別法で法人格が付与されている）。

第 3 に，「団体としての組織をそなえ，そこには多数決の原則が行なわれ，構成員の変更にもかかわらず団体そのものが存続し，しかしてその組織によって代表の方法，総会の運営，財産の管理その他団体としての主要な点が確定している（最判昭和 39 年 10 月 15 日民集 18 巻 8 号 1671 頁）」場合は，「社団」といいます。社団は，組合と異なり構成員の個性が意味を持たない団体であり，構成員から独立して団体として独自の個性を有しているため，団体自体を行為や権利義務の主体として扱う「実態」を備えています。この社団のうち，法律に規定される「法人格」付与の手続をとった団体だけが，法人として扱われるのです（「財団法人」に対して「社団法人」という）。

## 2　権利能力なき社団

では，実態は社団であるが，法人になる手続をとっていない団体は，実態に合わせて法人と扱われるのか，あるいは形式的に組合と扱われるのでしょうか。とりわけ，団体に対する債権者からすると，構成員の個人財産にまで責任を追及することができるか否かは，大きな問題です。

法人法定主義をとる以上，法人でない団体を勝手に法人と扱うことはできません。しかし，「等しいものは等しく」が法の精神です。そこで，判例・学説は「権利能力なき社団」として，団体自体に権利能力は認めず，主体は構成員（複数）であるとしながら，「代表者が社団の名においてした取引上の債務は，その社団の構成員全員に，一個の義務として総有的に帰属するとともに，社団の総有財産だけがその責任財産となり，構成員各自は，取引の相手方に対し，直接には個人的債務ないし責任を負わない（最判昭和 48 年 10 月 9 日民集 27 巻 9 号 1129 頁）」と解しています（「総有」という共同所有形態は物権法で勉強する）。これに対して，社団が非営利団体のときは上記のように構成員に有限責任を認めるが，営利団体ときは債権者の保護を考えて構成員は無限責任を負うという有力な見解があります。

なお，構成員の責任の他に，①団体が取得した不動産の登記名義，②団体が訴訟の原告や被告になる，という問題もあります。①は，法人でない以上は団体名義が不可能であり，代表者に団体の肩書きを付して登記することも登記法では認められていません。したがって，代表者等の個人財産として登記をする

## 10 権利能力なき社団とは，どんな団体であり，どのように考えればよいか

ことしかできません。つまり，純粋な個人財産と分離することができず，団体財産が私的に処分される可能性があります（金融機関では代表者の肩書付で預金口座を作ることを許すため個人財産とは分離される）。②は，権利義務を持つ主体という問題ではなく，その名において訴えまたは訴えられる資格の問題です（訴訟法上の「当事者能力」という）。したがって，民事訴訟法第29条は，権利能力なき社団にも当事者能力を認めています。

ところで，上記の権利能力なき社団の問題は，法人格を得る手続が厳格であった改正前の法状況が前提となって論じられたものです。しかし，公益法人制度改革以降は，簡易な手続で一般法人となることができます。つまり，一般法人となって，構成員の責任を有限とし団体名で不動産登記を行う，という処理が実現できる法状況では，敢えて一般法人となる手続をとっていない団体には，法人と同様に扱う必要性がないようにも思われます。しかしながら，一般法人法では，法人になることを強制してはいません。また，権利能力なき社団のうち，営利を目的としない自治会や同窓会等の団体は経済的な取引活動を主として行っているわけではなく，財産（とりわけ不動産）を有しているわけでもありません。したがって，取引や単独所有のための制度である法人格を取得する動機や利点が存在せず，一般法人となればかえって法人住民税を負担することになってしまいます。

今日の制度設計として，営利を目的とする団体は会社に，公益的な活動のために税制優遇という形で補助を必要とする団体は公益法人になることが予定されています。したがって，一般法人は公益法人への通過点としての意味が大きく，今後も，権利能力なき社団をめぐる問題は，継続して起こっていくと考えられます。

---

**関連知識**

**会 社 法**

　法人の中で規模や活動において最も重要なのが会社です。以前は商法の中に会社に関する規定が置かれていましたが，2005年に，商法から独立して会社法が制定されました（条文数は979）。会社法では，会社の設立・解散，組織，運営，資金調達（株式，社債等），管理等について学びます。会社のM&A（合併・買収）も会社法で学ぶ重要な問題です。

第2部 セカンドステップ

## 11 法人の目的の範囲(第34条)は，どのように判断されるのか

　権利能力の平等は，かつての奴隷制度（客体！）や人を区別的に扱うことへの決別を意味します。もっとも，これは「自然人」に対する要請であり，法人は取引主体（財産帰属）として政策的に「特別に」認められる存在です。そうすると，第34条（法人の能力）は，何のために，何が規定されているのか，という読み方（解釈）が問題となります。

### 1　第34条に関する学説

　第34条の見出しでは「法人の能力」とのみ表記されています。この能力は，本文の内容を素直に捉えるならば，「権利能力」となります。実際，立法者は，本条は「権利能力」を制限する条文と考えていました。しかし，この見解だと，目的の範囲外の行為は主体がないため無効となり，法人と取引した相手方は取引が実現されず保護されません（表見代理も成立しない）。また，近代法では権利能力は「在るか無いか」の問題でした。そこで，制限されているのは「行為能力」であるとの見解が出されました。しかし，行為能力の制限は年齢あるいは精神的能力という身体を基にする保護形態ですから，法人にはなじみません。また，プロ集団に未成年者と同じ保護を与える必要もありません。そこで，実際に行為するのは理事だから，「理事の代理権が制限されている」との見解が出されました。この見解だと表見代理で取引の相手は保護されそうです。しかし，法人登記で目的の範囲が公示されている以上，相手方の善意・無過失の認定は厳しくなります（公示制度がある以上，「実際は知らなかった」という主張は意味を持たない）。また，追認を認めると公示の意味がなくなります。さらに，何より条文の文言から離れてしまいます。

　立法者が参考にしたのは英米法の「ウルトラ・ヴァイレス」という理論であり，これは経済的に巨大となる法人に対する警戒心がある時代に出された，法人の活動を制限するための理論でした（現在は，イギリスでも大幅に修正されている）。後述する八幡製鉄所事件の判決を受け，主に商法学者から，第34条は非営利法人を対象とする規定であり，営利法人である会社では目的外の行為は

相手方との関係では有効であり、目的外の行為をした代表者が会社内部で責任を問われるだけという営利法人非適用説(内部的制限説)が提唱されています。

確かに、法人と取引や関係を持った相手方の保護は必要です。また、目的外の行為をした代表者に対し損害賠償責任を負わせれば、問題は解決するかもしれません。しかし、法人が個人から一定財産の分離を可能とする装置である点を重視すると、真の権利主体(個人)の利益を、財産の処分管理を託された人(代表者)が好き勝手に行動することから、守る必要があります。そのための指導原理として、「法人の目的」を指針とすることは、今日でも十分に意味があります。

## 2 具体的な解釈方法

目的の範囲を決める一般的基準は、「定款に明示された目的自体に限られず、その目的を遂行するうえで直接または間接に必要な行為」とされています。また、必要か否かは、「定款の記載自体から観察して客観的に抽象的に必要であり得べきかどうか(最判昭和27年2月15日民集6巻2号77頁)」とされています。具体的には、営利法人は利益追求(リスクテイク、自己決定)のために活動の自由を認める=範囲の制限は緩やか、という理解を一方の極とし、反対の極として、公益法人は社会のためにも団体の維持が望ましいため、目的の範囲を厳格に解して団体(財産)の維持を図ることが求められます。したがって、各団体の性格、なされた行為、及び減少する財産額から、個別に当該団体の目的の範囲に入るか否かを検討する、という解釈方法が適切となります。

なお、例えば理事が私腹を肥やす目的で法人の目的の範囲内の行為を法人の名で行ったときは、目的の範囲内であるから一応は有効となった上で「代理権濫用」の問題となります(第2部21「代理権濫用」を参照)。

## 3 営利法人に関する具体例

当初は多くの判決が厳格な判断でしたが、次第に緩和され、会社による政治献金が争われた八幡製鉄所事件では、「社会通念上、期待ないし要請されるものであるかぎり、……これらの行為もまた、間接ではあつても、目的遂行のうえに必要なものであるとするを妨げない。」と示されました(最(大)判昭和45年6月24日民集24巻6号625頁)。八幡製鉄所事件以降、会社においては、目

的の範囲は事実上機能していないともいわれています。

## 4　協同組合型非営利法人に関する具体例

　裁判例では，農業協同組合のように，本来は相互扶助を目的とする組合であるが特別に法人格を与えられている団体に関して，組合員でなければ受けられない金銭の貸付等の契約を組合員以外の者が結んだ場合（「員外貸付」という）の効力が問題となりました。員外貸付であっても組合には貸付による利息という収入があるため，「組合の経済的基盤を確立するため」に付帯事業として有効とされました（最判昭和33年9月18日民集12巻13号2027頁）。その一方で，理事長が定款に違反することを承知し相手方も違反を承知していたときは無効とされました（最判昭和41年4月26日民集20巻4号849頁）。

　なお，金銭の貸付（金銭消費貸借契約）が無効となっても，交付された金銭は契約ではなく不当利得（第703条以下）を根拠として返還されることは変わりません。また，この員外貸付の問題は，貸付に保証人あるいは抵当権が設定されていたが，貸付が無効とされた場合の保証契約あるいは抵当権の帰趨という点に波及する問題です（それぞれ保証，抵当権で勉強する）。

## 5　公益法人に関する具体例

　税理士や司法書士は，各県の税理士会や司法書士会に加入しなければ業務ができない強制加入団体です。最高裁は，税理士会が先の八幡製鉄所事件と同じく政治献金を行った場合は，構成員の政治的自由を侵害する結果となるため目的の範囲外と判示しました（最判平成8年3月19日民集50巻3号615頁）。また，ある県の司法書士会が被災した県の司法書士会に対し復興支援金を拠出した場合は，司法書士法に規定されている目的を遂行する上で「直接又は間接に必要な範囲で提携，協力，援助等も含まれる」ことを理由に目的の範囲内としました（最判平成14年4月25日判時1785号31頁）。なお，先の八幡製鉄所事件でも，災害支援は目的の範囲内であると言及されていました。また，労働組合による水俣病患者救済のための寄付についても，目的の範囲内とされています（最判昭和50年12月1日判時798号14頁）。

# 12 一般社団法人及び一般財団法人等の法的責任関係は，どのようなものか

　例えば，A法人のB理事らが第三者Cと取引を継続する中で，Bが，A法人又はCに損害を発生させる行為を行っているとします。また，A法人には社員等Dがいるとします（従業員ではない）。この場合において，ABCD間にはどのような法的責任関係が生じるでしょうか。以下では，一般社団法人を中心に整理します（条文は「一般社団法人及び一般財団法人に関する法律」のもの）。

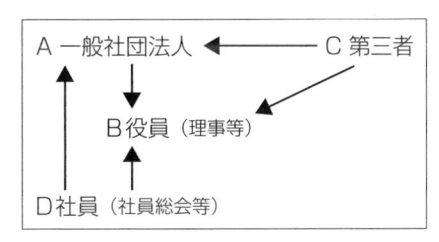

```
A 一般社団法人 ←――― C 第三者
   ↓  ↑          ↗
   B 役員（理事等）
     ↑
D 社員（社員総会等）
```

## 1 法人と役員等（AB間）

### (1) 忠実義務，任務懈怠と損害額の推定

　理事は，法令及び定款並びに社員総会決議を遵守し，一般社団法人のために忠実にその職務を行う義務を負います（第83条）。

　理事，監事又は会計監査人（役員等）は，その任務を怠ったことで一般社団法人に損害を与えたときときは，その損害を賠償する責任を負います（第111条1項）。また，理事が，第84条1項の規定に違反して同項第1号の取引（社員総会の承認を受けずに，自己又は第三者のために競業取引）を行なったときは，理事又は第三者が得た利益の額が一般社団法人の損害の額と推定されます（第111条2項）。さらに，①利益相反行為を行なった理事，②一般社団法人がその利益相反行為を行うことを決定した理事，③その利益相反行為に関する理事会の承認決議に賛成した理事は，一般社団法人の利益を害する可能性の高い取引に関わったことにより一般社団法人に損害を与えたとして，その任務を怠ったものと推定され（第111条3項），任務懈怠がないことを証明しない限り，その責任を免れることはできません（いわゆる「利益の吐き出し責任」を明文化したものといわれる）。

### (2) 責任の免除・最低責任限度

一般社団法人は、社員総会の特別決議により、当該社員等にその職務を行うについて善意で、かつ、重大な過失がないときは、賠償責任を負う額から法令で定める方法により算出した「最低責任限度額」を控除した額を限度として、役員等の法人に対する損害賠償責任の一部を免除することができます（第113条1項）。この場合、理事は、責任免除の可否を判断する資料を提出するために、社員総会において、①責任の原因となった事実及び責任を負う額、②免除することができる額の限度およびその算定根拠、③責任を免除すべき理由および免除額を開示しなければなりません（第113条2項）。

また、監事設置一般社団法人は、理事の責任免除に関する議案は、監事の同意を得なければ社員総会に提出することができません（同条3項）。

なお、社員総会の特別決議において役員等の責任が一部免除された場合には、一般社団法人が、責任免除後に、当該役員等に対し退職慰労金等の財産上の利益を与えるときは、新たに社員総会の承認を得なければなりません（同条4項）。理事会決議による一部免除についても、以上と類似の規定が設けられています（第114条1項ないし5項）。

一般社団法人は、外部役員等の一般社団法人に対する責任についても、責任限度額を内容とする契約を外部役員等と締結することができることを定款で定めておくことができます（第115条1項ないし4項）。

### (3) 競業・利益相反行為

第84条1項2号の取引（自己のためにした取引に限る）をした理事の責任は、任務を怠ったことが当該理事の責めに帰することができない事由によるものであることをもって免れることができません（第116条1項）。ただし、社員総会の承認を得た場合には、民法第108条は適用されません（第84条2項）。

## 2　法人と第三者（ＡＣ間）

### (1) 一般社団法人による第三者への損害賠償責任

理事は、一般社団法人を代表します（第77条1項）。代表理事の権限に加えた制限は、善意の第三者に対抗することができません（同条5項）。

一般社団法人は、代表理事その他の代表者がその職務を行うについて第三者

12 一般社団法人及び一般財団法人等の法的責任関係は，どのようなものか

に加えた損害について賠償する責任を負います（第78条）。民法第110条や715条等の特別規定と考えることができます。

(2) 表見代表理事の善意の第三者に対する責任

一般社団法人は，代表理事以外の理事に理事長その他代表権限を有すると認められる名称を付した場合は，当該理事がした行為について，善意の第三者に対してその責任を負います（第82条）。この名称を信頼して取引をした者を保護する必要があるからです。

また，外見上は理事の職務権限内の行為について，代表理事が権限を濫用し，私利を計る目的で代表行為を行った場合は，「代表権の濫用」が問題となります（第2部21「代理権の濫用」を参照）。

## 3 役員等と第三者（ＢＣ間）

(1) 役員の第三者に対する損害賠償責任

役員等がその職務を行うについて悪意又は重大な過失があったときは，当該役員等は，これによって第三者に生じた損害を賠償する責任を負います（第117条1項）。この場合，役員等の悪意・重過失については第三者が証明しなければなりません。この他に，役員は，任務懈怠が明らかな一定の場合（同条2項所定の行為）についても同様の責任を負います。ただし，注意を怠らなかったことを証明したときはこの限りではありません（同2項）。

この第117条の責任は，民法第709条の責任を排除して役員らの責任を軽減するものではなく，会社法第429条1項責任と同じ性質を有するものであり，民法第709条責任と競合し得るものです。

(2)役員等の連帯責任

役員等が一般社団法人または第三者に対して生じた損害を賠償する責任を負う場合において，他の役員等も当該損害を賠償する責任を負うときは，これらの者は，連帯して責任を負います（第118条）。

## 4 法人と社員等（ＡＤ間）

(1) 行為無効の訴え

社員等は，一般社団法人の設立，吸収合併，新設合併について一定の期間内に行為無効の訴えを提起できます（第264条）。その他にも，社員等は，社員

総会等の決議不存在・無効確認の訴え（第265条），決議取消しの訴え（第266条），設立取消しの訴え等（第267条）を提起することができます。

(2) 責任追及の訴え

社員は，一般社団法人に対し，書面その他の方法により，設立時社員，設定時理事，役員等又は清算人の責任を追及する訴えの提起を請求することができます（第278条以下）。ただし，責任追及の訴えが当該社員若しくは第三者の不正な利益を図り又は当該一般社団法人に損害を加えることを目的とする場合を除きます。これは，一般社団法人において，理事相互の情実により，理事の法人に対する責任追及が放置される場合に，社員が法人を代表して理事の責任を追及することを可能とする制度です。

具体的には次のような請求をすることができます。①社員は，一般社団法人に対して，書面その他の法務省令で定める方法により，設立時社員，設立時理事，役員等または清算人の責任を追及する訴えの提起を請求することができます（第278条1項）。②一般社団法人が上記請求の日から60日以内に責任追及の訴えを提起しないときは，当該請求をした社員は，一般社団法人のために，責任追求の訴えを提起することができます（同2項）。③60日間の経過で回復できない損害が生ずるおそれがあるときは，直ちに責任追及の訴えを提起することができます（同4項）。

## 5　役員等と社員等（ＢＤ間）

(1) 社員提案権

社員は，理事に対し，一定の事項を社員総会の目的とすること，議案を提出すること，議案の要領を社員に通知すること，検査役の選任の申立をすることを請求できます（第43条以下）。

(2) 説明義務・報告義務

理事は，社員総会において求められた特定事項について必要な説明をしなければならなりません（第53条）。また，理事は，一般社団法人に著しい損害を及ぼすおそれがある事実を発見したときは，直ちに当該事実を社員に報告しなければならなりません（第85条）。

## (3) 理事の行為の差止

社員は，理事が一般社団法人の目的の範囲外の行為その他法令若しくは定款に違反する行為をし，又はこれらの行為をするおそれがある場合において，当該行為によって当該一般社団法人に著しい損害（回復することができない損害）が生ずるおそれがあるときは，当該理事に対し，当該行為を止めることを請求することができます（第88条）。

## (4) 役員等の解任の訴え

総社員の議決権の10分の1以上の議決権を有する社員又は評議員は，理事，監事又は評議員に対して，理事等が職務につき不正行為，重大な定款違反行為があったにもかかわらず，当該理事等を解任する旨の議案が社員総会や評議員会で否決されたときは，議決から30日以内に訴えをもって当該役員等の解任を請求することができます（第284条）。

## 6　一般財団法人・公益社団法人・公益財団法人における法律関係

一般財団法人における役員等の損害賠償責任については，第198条の読み替えにより，一般社団法人の場合と同様の賠償責任が負わされています。

公益社団法人・公益財団法人については，公益認定とその後の監督が厳しく行なわれます。ただし，これらの法人又は役員等が法人または第三者に損害を与えた場合には，公益法人法に規定はありませんが，一般法人が公益認定を受けて公益法人となることから，一般法人法の規定を参考に，より厳しい責任が課されることになると考えられます。

> **関連知識**
>
> 「以前，以後，前，後」
> 「以上」と同じように，その基準時点又はその数量を含むものに，以前・以後・以降・以内があります。例えば，第887条は「被相続人の子が，相続開始以前に死亡したときは，…その子がこれを代襲して相続人となる」と定めるため，同時に死亡したときも代襲相続が可能です。もし「相続開始前に」であれば，同時死亡のときは代襲相続ができないことになります。「4月1日以後（以降）は使用できない」，「3メートル以内に立ち入らない」等も同じです。これに対して，「＊前」，「＊後」の場合は，その基準時点を含まないことになります。

第 2 部　セカンドステップ

## 13　権利の客体と物は，どのような関係にあるのか

　民法は，物の支配権としての物権を定めるだけでなく，民法の解釈もあわせて考えると，種々の権利の存在を前提とした法律です。そこで，権利の客体が，民法の定める「物」に限られるのかを改めて考えてみると，そうではありません。代表的な権利ごとにその客体（対象）を確認すると，次のようになります。

① 物権：その客体として「物」が想定されるが，財産権（権利）を客体とするものもある（例えば，抵当権（第369条2項））。

② 債権：その客体として「債務者の一定の給付（債務者の一定の行為）」が想定される。

③ 人格権：判例によって承認された権利。権利の対象となるのは，権利者自身の人格的利益（例えば，生命・身体・健康，自由，名誉，氏名等）。

④ 無体財産権：その客体として「無体物（近時は知的財産）」が想定される（例えば，発明，著作物等。わが国では，特別法（特許法，著作権法等）で対応）。

### 1　権利の客体と「物」

　総則編の位置づけからして，「権利の客体」に関する通則規定を置くことも1つの選択肢として考えられますが，わが国の民法は，権利の客体の中でも「物（有体物）」についてのみ定めています。

　何故，総則編に，「物」に関する規定のみが置かれたのかということに関しては，ポイントを述べると，フランス民法の影響をうけて編纂された旧民法では，「物」に「有体物」だけでなく「無体物」をも含むとの考えが採用されていたこと，しかし，現在の民法のように物権・債権を峻別するパンデクテン体系（比較法的にはドイツ民法に類似）では，「物」に「無体物」を含ませると，理論上混乱を生じさせるので，ドイツ法の影響をうけて「物」を「有体物」に限定したことに注意が必要です。

　このように，わが国の民法における「物」を理解するにあたっては，ドイツ法の影響，さらには，「物」の支配権たる物権との関係を意識する必要があります。

13 権利の客体と物は、どのような関係にあるのか

> **関連知識**
>
> **物 権**
>
> 　前述したように，物権・債権の峻別を維持するためにも「物」を「有体物」に限定したとすると，総則で「物」を考えるにあたっては，「物権の客体としての物」を意識する必要があります。しかしながら，民法には，「物権とは何か」についてさえ定めが置かれておらず，一般的に，物権については，物権法の教科書等で学ぶことになります。
> 　民法の定める「物」を理解するにあたって，物権との関連で意識しておいて欲しい種々のキーワードを簡単な説明と共に以下に挙げておきます。
> 　①物権の絶対性：物権は，その物支配の関係を，誰に対する関係でも主張することができる。
> 　②物権の排他性：同一の目的物の上に1個の物権が成立するときは，これと同一内容の他の物権が併存することは許されない（他の物権を排除する）。なお，一物一権主義（第1部本文参照）とも関連。
> 　③物権の客体としての「物」の要件：権利の内容との関係からして，人による支配が可能である必要がある。また，一物一権主義との関係から，1つの所有権の客体としての「物」は，他の物から独立した特定の物である必要がある（独立性・特定性）。

## 2　物の分類

　第1部でみたように，民法の定める物の分類は限定的です。しかし，民法の規定には，その他にも，「特定物・不特定物」（第534条等）といった物の分類を前提にした規定があり，学説でも，種々の物の分類について説明がされています。以下では，民法が明文で定めていない物の分類をいくつか取りあげ，その内容を確認します。

### (1)　融通物・不融通物

　融通物・不融通物は，私法上取引の客体とすることが制限されているかどうかによる分類です。取引の客体とすることが制限されている物が不融通物です。注意が必要なのは，具体的に，どういう物が不融通物になるかということです。一般に，公物（公用物，公共用物），禁制物がそれにあたるといわれています。なお，裁判例では，公共用物である海に関連して，それが所有権の客体たる土地にあたるかどうかが，取得時効とも関係して問題となることがあります（第2部35「取得時効をめぐる種々の問題」を参照）。

　① 公用物＝「国や公共団体の所有に属し，その使用に供されている物（例え

ば，官庁の建物）」
② 公共用物＝「一般公衆の共同使用に供される物（河川，海，道路，公園等）」
③ 禁制物＝「法令の規定によってその取引が禁止されている物（例えば，あへん煙（刑法第136条以下），偽造・変造の通貨（刑法第148条以下），わいせつ物（刑法第175条）等）」

(2) 可分物・不可分物

現物の分割が，その物の性質や価値を著しく変化させることなく可能であるかどうかによる物の分類です。可分物の例としては，一般に，金銭，穀物，土地等が挙げられます。これに対して，物（部品）の集合体ともいえる1棟の建物，1台の自動車や家電製品等は，不可分物とされます。

実際にこの分類が意味をもつのは，共有（第258条）や多数当事者の債権債務関係（第428条以下）等に関してです。

(3) 代替物・非代替物

一般の取引で，その物の個性を重要視し，他の物で代えることができない物を非代替物といい，そうでない物を代替物といいます。この物の分類は，取引界における客観的な区別であるという点で，次に述べる特定物・不特定物と分けて理解されています。民法の制度では，例えば，消費貸借（第587条）や消費寄託（第666条）等が関係します（それらは代替物を目的物とする）。

(4) 特定物・不特定物

物を対象とする具体的な取引で，当事者がその物の個性に着眼して取引した物であるかどうかによる分類です。上記(3)の代替物・不代替物とほぼ一致するといわれますが，それらが取引における客観的な区別であるのに対し，より主観的な区別であるといわれます。この物の分類は，例えば，債権の目的物の保存義務（第400条），物の引渡し・弁済の場所（第483条・484条），危険負担（第534条以下）等に関係します。

(5) その他

以上のほか，物の分類には，消費物・非消費物といったものもあります。また，動産に関しては，以前から，「集合物」という物の捉え方が，判例・学説によって承認されており，物権法で担保物権を学ぶ際に必要な知識となります。

## 13　権利の客体と物は，どのような関係にあるのか

> **関連知識**
>
> **「集合物」という物の捉え方**
>
> 　取引社会では，特に動産を目的とした担保取引の場面で，個々の物の集合を１つの集合物と捉え，その上に集合物全体の価値を把握する所有権のような権利を認めて欲しいという要請があり（具体的には，例えば，ある会社が商品として倉庫に所有・保管しているパソコン100台（１台10万円相当）を全体として１個の集合物（1000万円相当）と捉え，借金の担保として提供するような場合），そのために「集合物」という物の捉え方を認めるべきだという主張がなされています（同様の考え方は，債権についてもあてはまる（集合債権と呼ぶ））。これらについては，主として，物権法で学ぶ譲渡担保，債権法で学ぶ債権譲渡とも関連します。詳細については，各々の個所で学ぶことになります。

> **関連知識**
>
> **不動産・動産と法制度の相違**
>
> 　不動産と動産の別が，法制度上どのような相違に結びついているかをここで簡単に確認しておくことにします（なお，以下では，第１部の本文でも指摘したように，物権法の主なものに限定する）。
>
> ① 物権変動　　所有権の移転のような物権変動との関係で，両者の別は，その第三者対抗要件の点で異なります。適用条文では，不動産が第177条，動産が第178条と異なります（不動産では登記が，動産では物の引渡し（占有の移転）が各々重要となる）。
>
> ② 即時取得制度　　無権利者から所有権を譲り受けたような場合に，その譲受人を保護する制度として，動産には，即時取得制度（第192条以下）があります。しかし，不動産には，それに対応するような制度はありません。
>
> ③ 物権の種類　　不動産と動産では，その上に成立する物権にも相違があります（例えば，用益物権は土地，抵当権は不動産の上に成立等）。

第 2 部　セカンドステップ

# 14　不動産と動産，特に不動産の法的な扱いについて

　動産と不動産の区別は，第 86 条の定めるところにより，第 1 項の定める不動産の意味が明らかとなれば，ある程度定まってきます（動産は，不動産以外の物なので）。そこで，以下では，不動産について注意すべき問題点を，所有権との関係に注意して，いくつか取りあげます。

## 1　土地・建物と所有権

　まず，第 1 部で述べたように，不動産が，取引社会の中で重要となるのは，やはり，それが物権，特に所有権の客体となる場合です。定着物の代表である建物と土地の所有権との関係には注意する必要があり，わが国の民法では，欧米諸国と異なり，両者は別個・独立のものとされています（このことを前提とする民法の条文としては抵当権に関する第 370 条参照。この他，不動産登記法にも注意）。したがって，わが国では，土地と土地上の建物は，各々別の所有権の客体となります。

## 2　不動産所有権の客体

### (1)　土地の範囲（境界関連）

　土地は，自然のままの状態では，隣接する地盤と連続しており，自然発生的にその境が明らかとなりません。ここで，所有権の客体としての土地を考えるにあたっては，前述した一物一権主義，物の独立性・特定性ということを考慮する必要が出てきます。つまり，土地所有権を認めるためには，その客体たる土地について，物権法の要請に応える必要があり，他の土地からの独立性，さらには権利の客体を特定するために，1 個の土地の範囲を定める土地の「境界」が必要となります（人が境を定め，境界で囲まれた 1 個の土地を「1 筆の土地」とよぶ）。なお，このような所有権の効力の及ぶ範囲を定めた「境界」は，所有権界（私法上の境界）とよばれることもあり，公法上の境界（不動産登記法第 123 条 1 号の定める「筆界」）と区別しなければなりません（この詳細については，物権法および不動産登記法を参照）。

(2) **土地の範囲**（「土地の定着物」関連）

ところで，土地を構成する土壌ですが，土壌は土地そのものともいえることから，両者を分けて考えることはしていません（関連条文として，第207条にも注意）。ここで，そのような土地を構成する物のうち，岩石や鉱物の取り扱いが多少問題となりますが，これらについても，原則としては，土地の構成部分とされ，土地から独立した物とは考えられていません（土地の一部。ただし，例えば鉱業法等による例外あり）。

次に，建物を除く土地の定着物の取り扱いですが，具体的には，土地に植わっている樹木等のほか，石垣，くつぬぎ石等々，様々な物の取り扱いが問題となります。これらの物の取り扱いは，まずは，「それらの物が定着物にあたるか」ということが問われ，それと共に，「土地の一部として取り扱われるか（土地の所有権に吸収されるか）」が問題となります。

① **土地の一部として取り扱われる場合** まず，樹木は，第1部で述べたように，一般に，土地の一部として取り扱われます（仮植えのものを除く。大判大正10年8月10日民録27輯1480頁参照）。また，石垣やくつぬぎ石等は，それらが土地に造りつけられていれば土地の定着物となり，土地の一部として取り扱われます。ここで，その所有権について考えると，まず，当該土地に所有権が認められ，それらの定着物は当該土地の一部とされることから，全体として，当該土地の所有権は，土地とそれらの定着物をその客体とすることになります。

② **土地の一部として取り扱われない場合** 以上に対し，建物と同様，定着物が土地から別個・独立の不動産として取り扱われることもあります。例えば，前述した樹木ですが，いわゆる立木法による立木登記（同法1条）がされた場合，あるいは慣習上の公示手段である明認方法が施された場合には，それらの樹木は土地から別個・独立した不動産として取り扱われます。したがって，その所有権についても，土地とは別の所有権が認められます（なお，これらの詳細については，改めて物権法で学びます）。

(3) **付合制度との関係**

前述のように，土地の一部，さらには建物の一部になる・ならないという問題は，物権法で学ぶ「付合」という制度（不動産の付合については第242条参照）にも関連するものですので，その点に注意が必要です。

第2部　セカンドステップ

# 15　主物と従物とは，何のためにある概念なのか

　何が従物にあたるかということは，第1部でも述べたように，学説上，次の4つの要件をみたすかどうかによって判断されると考えられています。つまり，①主物の常用に供されること，②主物と従物の所有者が同一であること，③従物が主物に「附属した」と評価される状態にあること，そして，④従物が主物から独立した物であることです。この内，①の要件は実際には③の要件とも関連し，この2つが中心的な問題です（②の要件についても学説上議論あり）。したがって，以下では，この2つを中心にみることにします。

## 1　従物とは――従物の要件

　主物と従物の区別を考えるにあたっては，複数ある物のいずれが主物となるのか，つまり主・従の区別をいかなる基準をもって判断するのかということがまず問題となります。これにつき，判例は，主・従の区別は経済上の用法に従ってなされ（大連判大正8年3月15日民録25輯473頁），従物とされる物には，主物の経済上の目的を補助する性質（経済的効用の補助）のあることが必要であるとしています（大判昭和15年4月16日評論全集29巻民370頁）。また，その具体的な判断にあたっては，一般取引上の観念（社会観念）によって定まる客観的標準に従って決せられるべきと解されています。

　ここで，具体的に，従物であるか否かが問題となるのは，その多くが土地・建物に関してです。例えば，土地については，その土地に備え付けられた石灯籠や庭石（取り外しのできるもの）が土地の従物にあたるかどうかが争われ，また，建物については，その建物に備え付けられた畳建具類，機械・器具等が従物にあたるかどうかが争われています（土地・建物の利用が主とされることから，備え付けられた種々の物が従物とされる）。また，最高裁は，ガソリンスタンドの店舗用建物の従物に関して，ガソリンスタンド営業という点に照らして，地下タンク，ノンスペース型計量機，洗車機等の諸設備が従物（店舗用建物と経済的一体性あり）と判示しました（最判平成2年4月19日判時1354号80頁。物の価値としては，建物よりも諸設備の方が高かったことにも注意）。なお，③の

要件について，条文の文言上は，主物への「附属」とされており，それがどのような状態を指すのかということも問題となりますが，その点は，客観的にみて主物の経済的効用を補助するといえるような「場所的関係」にあれば足りると考えられています。

## 2　主物と従物に関する具体的問題

　主物と従物について，具体的な問題が生じるのは，売買や賃貸借等の契約時に，目的物の範囲を明確に定めなかった場合に第87条が適用されるときです。あるいは，不動産（土地・建物＝主物）に抵当権が設定された場合に，その抵当権の効力がその従物に及ぶかが争われたときです（前掲の最判平成2年のガソリンスタンドの例もそのことが問題となった）。

　ここで，第1部で述べた第87条2項の「処分」に，主物の譲渡だけでなく，主物に対する抵当権の設定等も含むと解する場合には，その規定の趣旨をも考慮して考えると，主物に対する抵当権設定当時，すでに存在していた従物については，その処分に従い，抵当権の効力が及ぶと解することができます（判例としては，第87条2項により効力が及ぶとするものに，前掲・大連判大正8年がある。その評価については注意が必要であるが，最判昭和44年3月28日民集23巻3号699頁もこの判決を引用する）。しかし，この解釈には当然限界があり，主物に対する抵当権設定後に備え付けられた従物への効力はどうなるのか，また，従物と目される物の中に他人の物が含まれていた場合はどうかといったことが問題とされています（冒頭②の要件等とも関連）。なお，抵当権には，その効力の及ぶ目的の範囲につき，特別に第370条という規定があり，そこで抵当不動産に「付加して一体となっている物」に抵当権の効力が及ぶと定められていることから，同条の「付加一体物」と従物との関係が，抵当権の効力が及ぶかどうかに関連して，重要論点の1つとなっています（この詳細については，改めて，物権法（具体的には抵当権）で学びます）。

> **関連知識**
>
> **抵当権（第369条）**
> 　債権の回収を確実にするために，債務者が支払えないときは，特定の不動産を競売した上で，支払いに充てることができる権利（抵当権）を，不動産所有者が債権者に対して合意（抵当権設定契約）で設定します。したがって，抵当権者が競売できる不動産の範囲はどこまでか？が問題となります。

第2部　セカンドステップ

## 16　意思表示の構造は，どのようなものか
——意思表示の過程と心裡留保，通謀虚偽表示，錯誤，詐欺・強迫の構造と関係

民法にいう意思とは，「権利変動に向けられた確定的な意思」を意味します。したがって，悔しい気持ちや異性への好意は，民法が扱う意思ではありません。また，意思表示とは，一定の狙い・目論見に基づき，「権利・義務の変動」が決意されて，外部へ「表示」されたものです。では，民法では，意思表示をどのようなものと理解した上で，条文を設けているのでしょうか。

### 1　意思表示（意思理論）の構造

意思表示の過程を分析すると，内心において出発点としての「動機」，権利変動（法的効果）を目指す「効果意思」，外部への「表示行為」という段階を経ます。そうすると，意思主義・私的自治からは権利義務に向けられた「効果意思」が中心となり，取引の安全・相手方の保護からは「表示行為」が重要となります（そのために，民法は意思表示に関して折衷的に規定していることを第1部で確認した）。

意思表示に関しては，次の2点に注意が必要です。

第1に，意思に関して，「動機」は，そのままでは法的な考慮対象とはなりません。確かに，例えば何のために買うのか？は，買った後の使い方であり，買う，即ち代金債務を負い，引渡請求権を得る決意（第555条参照）とは，異質な問題です。したがって，錯誤（第95条）に関する「動機の錯誤」という名称は，まずは第95条にいう錯誤には該当しない，という意味での名称なのです（もっとも，第2部19「動機の錯誤」を参照）。

第2に，表示に関して，内容がはっきりしないときは，表示の意味内容を確定する作業が必要になります。特に，表意者と相手方で意味が一致していない場合が問題になります。しかし，表意者は発信時に内容が正確に伝わるようにコントロールすることが可能なことを考慮すると，表示が重視されることになります（「誤表は害さず」という）。つまり，表示の意味内容の確定作業は，表意者個人が具体的に何を考えていたかの追求ではなく，表示が相手方にどう伝わるか，が基準となります。もっとも，相手方が表示内容につき勝手な解釈をし

てしまったときは，権利変動や契約という拘束関係を承認するには相応しくありません。そこで，表示の解釈も，相手方個人が具体的にどう捉えたかではなく，「相手方と同じ部類の人間がそれを同じ状況に置かれれば理解しただろうと思われるように解釈されるべき」となります。この作業で確定された意思のことを，「表示から推断される意思」といいます（決して，本心の探求ではない）。

以下，民法が規定する意思表示の規定を分析，整理します。

## 2　心裡留保（第93条）

真意を表意者の内心に留保するという意味ですから，内心と表示が不一致であり，かつ，その不一致を表意者が認識している，という状態です。

## 3　通謀虚偽表示（第94条）

心裡留保と同じ状態であり，さらに，表意者と相手方の間に通謀がある，という状態です。

## 4　錯　誤（第95条）

内心と表示が不一致であること，は心裡留保と同じですが，その不一致を表意者が認識していない，という状態です。冒頭の意思表示の過程からすると，内心とは特に効果意思を意味することになります。

もっとも，表意者本人からすると，意思表示をした時の効果意思と表示行為に込めた意思は一致しているはずです。そうすると，第1部で触れたように，例えば契約では契約の内容確定が先行し，事後的に効果意思との齟齬が明らかになります。つまり，法的には「初めから不一致」と扱うのですが，思考の手順としては，「後から不一致」となります。錯誤には，以下の種類と問題点があります。

(1)　**表示行為における錯誤**（表示の錯誤）

例えば，申込書の確認欄に「アメリカドル」のつもりで「カナダドル」を気づかずにチェックしてしまった「誤記」の場合は，表示の錯誤となります（その上で，相手方が重過失を主張することになる）。この場合，表示から推断される「カナダドル」という意思は，表意者本人には全くありません。表示の錯誤は，本来の錯誤の定義に当てはまる典型例です。

### (2) 効果意思における錯誤（内容の錯誤）

上記(1)と同様の例で，表意者本人が「カナダドルとアメリカドルは同じ」と理解していた上で，「カナダドル」にチェックした場合は，「誤記」ではありません。しかし，本人の理解自体が勘違いです。この場合は，内容の錯誤となります。

効果意思とは，一定の法律効果（権利・義務の変動）を目指す意思です。例えば，「Aから甲という商品を購入する」意思では，具体的には，①誰と，②何を，③どうするのか，という内容をもちます。そうすると，①人が違った，②対象が違った，③法的意味が違った，という場合があり得ます。

第95条により無効となるには，要素に該当することが必要です。まず，③が異なるときは，ほとんどが要素に該当するでしょう。次に，①は，「その人」が法律行為（例えば契約）で重要か否か，という事になります。例えば，売主が違ったとしても，「代金を払って目的物を得る」のが売買契約（第555条）ですから，合意において「あなたの物」が重要な意味を持たない限り，売買では売主が誰かは「要素」にはなりません。しかし，「絵を描いてもらう」という契約では，描き手は「要素」となるでしょう。そして，②は，明らかに別の商品であれば要素に該当します。問題は，性質や状態（「性状」という）が異なったときです。例えば，「良馬と思って買ったら，駄馬だった」という場合，これは「動機」なのか「性状（内容）」の勘違いなのか，あるいは「前提事情」つまり意思表示の「外」の問題なのでしょうか。この問題については，「動機」をどう扱うか，が問題となるため，第2部19「動機の錯誤」で改めて検討します。

## 5　詐欺・強迫（第96条）

内心と表示が一致しているが，その内心を決定する過程に問題がある場合です。一応は内心と表示が一致しているため無効ではありません。しかし，詐欺や強迫がなければ行ったであろう決定（真意）とは異なるため，表意者の救済としての取消しとなります。なお，詐欺の要件としての錯誤とは，外部からの干渉によって真意とは別の意思決定を行ったという意味の錯誤ですから，動機の錯誤のことです（一応は内心と表示が一致しているから）。

## 17 第94条2項の類推適用
――「通じてした虚偽の意思表示」はないが「本人の意思に対応している」場合

　例えば，XがAから建物を購入したのだが，税金対策のため，知人のBと相談してBがAから直接買ったことにしてAからBに所有権移転登記をした場合において，その後，Bが当該建物を善意のCに売却してしまったとします。この場合，CがB名義の登記を信頼してBと取引をしても，Bの登記は実態（Xの所有物）を反映していないので，無権利の法理から，Cは所有権を取得することはできません。

　では，Cは，Xに対して，第94条2項による反論，つまり作出された虚偽の外観への信頼を主張することはできないのでしょうか。

### 1　経過省略の事例

　第94条2項は「前項の無効は」と規定するため，第1項の要件である「相手方と通じてした虚偽の意思表示」である必要があります。冒頭の事例では，XB間で「通じて（示し合わせて）」はいますが「意思表示（契約）」はありません。反対に，AB間には「虚偽の意思表示（契約）」はありますが「通じてした」わけではありません（Xからの依頼にAとBが応じただけ）。

　最高裁は，「Bに所有権移転登記したことが，Xの意思にもとづくものならば，実質においては，XがAから一旦所有権移転登記を受けた後，所有権移転の意思がないに拘らず，Bと通謀して虚偽仮装の所有権移転登記をした場合と何等えらぶところがないわけであるから，民法94条2項を類推し，XはBが実体上所有権を取得しなかつたことを以て善意の第三者(C)に対抗し得ない」と判示しました（最判昭和29年8月20日民集8巻8号1505頁）。形式的には第94条1項の要件を欠いていますが，端的には「経過の省略」に過ぎず，実質的には要件を満たしているため「等しいものは等しく（公平）」という観点から「類推」適用が行われました。

### 2　本人による外形作出

　では，冒頭の事例で，XがBと相談せずに勝手にB名義としていたところ，

これを知ったBがCに当該不動産を売却した場合，どうなるでしょうか。この場合は，XB間に通謀も意思表示もないため，形式的には第94条1項の要件を欠きます。また，上記1の「経過の省略」でもありません。

最高裁は，上記1の判断を指摘した上で，「登記について登記名義人(B)の承諾のない場合においても，不実の登記の存在が真実の所有者(X)の意思に基づくものである以上，右94条2項の法意に照らし，同条項を類推適用すべきものと解するのが相当である。けだし，登記名義人(B)の承諾の有無により，真実の所有者(X)の意思に基づいて表示された所有権帰属の外形に信頼した第三者(C)の保護の程度に差等を設けるべき理由はないからである。」と判示しました（最判昭和45年7月24日民集24巻7号1116頁）。本人の意思に対応している以上，第三者の保護が優先されるという判断です。なお，本人の単独行動であるからか，「法意に照らし」て類推適用がなされています。

## 3　相手方による外形作出

上記2と反対に，本人(X)が全く関知せずに，相手方(B)が勝手に名義を本人から変更し，第三者(C)に当該不動産を売却した場合はどうでしょうか。

最高裁は，上記2の本人(X)の意思的関与がある場合の第94条2項類推適用の考え方を指摘した上で，「(所有者(X)が)建物が他人の所有名義で登録されていることを知りながら，これを明示または黙示に承認した場合であつても同様に解すべきものである。けだし，……（登記が），右建物の所有権帰属の外形を表示するものであり，建物所有者が右外形の表示につき事前に承認を与えた場合と事後に承認した場合とで，その外形に信頼した第三者の保護の程度に差等を設けるべき理由はないからである。」と判示しました（最判昭和45年4月16日民集24巻4号266頁）。確かに，本人の意思に対応していれば，第三者保護という点からは，外形を作出した者が誰かを重視する必要はないともいえます。

## 4　本人による「承認」の判断

そうすると，特に本人が「事後に黙示に承認した」と認めて良いのは，どのようなときかが問題となります。

最高裁は，上記3と同様に相手方(B)が勝手に名義を変更した事例において，

「(本人Xが) 不実の所有権移転登記を経由した事実をその直後に知りながら，経費の都合からその抹消登記手続を見送り，その後……，(作出したBと) 夫婦として同居するようになつた関係もあつて，右不実の登記を抹消することなく年月を経過し，……Bが……銀行との間で右土地を担保に供して貸付契約を締結した際も，Bの所有名義のままで同相互銀行に対する根抵当権設定登記を経由したというのであるから，XからBに対する所有権移転登記は，実体関係に符合しない不実の登記であるとはいえ，所有者たるXの承認のもとに存続せしめられていたものということができる。」と判示しました（最判昭和45年9月22民集24巻10号1424頁）。ある程度の積極性がないと「承認」即ち認めたとはいえませんから，不実の外形作出を「認識」していても単なる「放置」では直ちに該当しないことに注意が必要です（権利者は不行使の自由も有するから）。この最判昭和45年では，登記名義人が当該不動産に抵当権を設定することを認めた事実，即ち不実登記を前提とする本人Xの行動が重要となります（抵当権は所有者だけが設定できるから）。

以上の例は，本人(X)の意思的関与を根拠として，第三者(C)の「外形に対する信頼保護」を導くために，第94条2項が本来予定している場面を超えて借用されていると理解できます。その反面，本人が承認していないときは，第94条2項の類推適用をすることはできません。第94条2項は「信じた者は救われる」という規定ではなく，本人の帰責性を要求しているからです。その上で，本人が承認していない場合に第94条2項と第110条と合わせることで，第三者保護を図っている場合があります。これについては，次の項目でとり上げます。

> **関連知識**
> 
> **第94条2項の適用範囲**
> まず，第94条2項は，動産や債権の譲渡であっても適用されます。もっとも，動産については無権利者から取引した場合であっても権利を取得することができるという第192条が用いられます。また，債権は，債務者の存在を前提としていることから，債務者は，債権が仮装譲渡されても第94条2項の第三者に該当しないため，常に無効を主張することができます。次に，婚姻や縁組等の身分関係に関しては，本人の意思が絶対的に重要です。したがって，第94条は適用されないと考えられています（第742条・802条参照）。

第2部　セカンドステップ

## 18　第94条2項・110条の類推適用
――「通じてした虚偽の意思表示」がなく「本人の意思に対応していない」場合――

　例えば，AはBと通謀して，A所有土地をBに譲渡してBに「仮登記」をした（登記すべき情報が揃っていない段階で先行的にする登記）場合において，その「仮登記」を信じた善意の第三者CがBから当該土地を譲り受けたときは，第94条2項の適用となります。同じ例で，Bのみが仮登記の外形を作出した場合に本人が仮登記を事後承認したときは，第94条2項の類推適用となります。では，この事例において，作出された「仮登記」（第1の外形）を前提に，Bが偽造書類（本人の意思・関与なし！）で「本登記」とし（第2の外形），この「本登記」を信じた善意の第三者Cは，どう扱われるのでしょうか。

　前の項目で確認したように，本人Aが第1の外形を承認したとしても，第2の外形の承認はないため，もはや第94条2項類推適用を持ってしても，第三者Cの保護を図ることはできません。しかし，第2の外形の「切っ掛け」を作ったのは，本人Aです。特に，第2の外形を作出するために不可欠な書類が本人AからBに交付された場合は，託された者が予定外の行為をした場合において，相手方に「その権限があると信ずべき正当な理由があるとき」は，なされた行為が有効となる第110条の規定が想起されます。しかし，第110条は代理に関する条文であり，上記の例の場合の第2の外形に基づくBC間の行為は代理行為ではなくBが独立の当事者として行った行為ですから，第110条を適用することはできません。つまり，民法は，このような場合を想定した条文を用意していないのです。しかし，立法者はすべてを見通して条文を用意できるわけではないので，条文が用意されていない場合に，第三者保護を如何に図るべきかが問題となります。

### 1　第94条2項と第110条の類推適用

　最高裁は，冒頭の事例でBによって第2の外形が作出された場合において，「不動産について……，相通じて，……仮登記手続をした場合，外観上の仮登記権利者(B)がこのような仮登記があるのを奇貨として，ほしいままに売買を原因とする所有権移転の本登記手続をしたとしても，この外観上の仮登記義務

者(A)は，その本登記の無効をもつて善意無過失の第三者(C)に対抗できないと解すべきである。けだし，このような場合，仮登記の外観を仮装した者がその外観に基づいてされた本登記を信頼した善意無過失の第三者に対して，責に任ずべきことは，民法94条2項，同法110条の法意に照らし，外観尊重および取引保護の要請というべきだからである。」と判示しました（最判昭和43年10月17民集22巻10号2188頁）。第三者Cとの関係で見ると，Bは仮登記の権限しか有していないのに，それを超えて本登記の行為をしたのです。確かに，Bは代理人ではないが，相手方Cの「信頼保護」は第110条が予定する場合と共通します。そこで，確かに直接の条文はないが，第94条2項と第110条の「法意」，つまり民法に両条文が存在する理由を考えて，相手方保護を図ることを導いた（正当化した）のです。なお，要件として「無過失」が要求されていること，また，両条文の重畳適用でもなく，それぞれ単独の類推適用でもないことに注意する必要があります。

## 2 本人の関与・帰責性の判断

前の項目の第94条2項類推適用の事例と第94条2項・第110条類推適用の事例は，端的には，外観作出に関わる本人の関与の程度差と理解することができます。では，本人が騙されて登記に必要な書類を交付させられたような場合はどうでしょうか。

最高裁は，上記1と同様の事案において，「（本人は）不動産取引の経験のない者であり，……本件土地建物につき虚偽の権利の帰属を示すような外観を作出する意図は全く（なく）……本件第1登記（第1の外観）を承認していたものでないことはもちろん，同登記の存在を知りながらこれを放置していたものでもない……Bは，（本人）からの度重なる問い合わせに対し，言葉巧みな説明をして言い逃れをしていた……（という事情では）民法94条2項，110条の法意に照らしても，Bに本件土地建物の所有権が移転していないことをCらに対抗し得ないとする事情はない」と判示しました（最判平成15年6月13日判時1831号99頁）。

もっとも，最高裁は，「（Aは，必要であるとは考えられない書類を交付，放置し）……印鑑登録証明書4通をBに交付し，本件不動産を売却する意思がな

第2部　セカンドステップ

いのにBの言うままに本件売買契約書に署名押印するなど，Bによって本件不動産がほしいままに処分されかねない状況を生じさせていたにもかかわらず，これを顧みることなく，さらに，……Bの言うままに実印を渡し，BがAの面前でこれを本件不動産の登記申請書に押捺したのに，その内容を確認したり使途を問いただしたりすることもなく漫然とこれを見ていた」という事案においては，「（第2の外形を作出）することができたのは，上記のようなAの余りにも不注意な行為によるものであり，……Aの帰責性の程度は，自ら外観の作出に積極的に関与した場合やこれを知りながらあえて放置した場合と同視し得るほど重いものというべきである。……民法94条2項，110条の類推適用により，Aは，Bが本件不動産の所有権を取得していないことをCに対し主張することができない」とも判示しました（最判平成18年2月23日民集60巻2号546頁）。

　この最判平成18年では「法意」という言葉を用いていません。以上のように第94条2項の適用を広く認めることは，登記に公信力を認めたのに「等しく」なります。この方向性については2つの評価が可能です。第1は，第94条2項は，登記の公信力とは別の構造である「意思表示の効力」による「第三者保護」の規定であり，真の権利者の権利は容易に奪われるべきではなく，第94条2項・第110条の類推には一定の限界があるとする考え方です。第2は，今や「公信の原則」を実現する制度として第94条2項を積極的に位置づける考え方です。第2の考え方では，単なる利益考慮・決定になる可能性が大きいことに注意する必要があります。

> **関連知識**
>
> **不動産の権利に関する登記の申請**
> 　ある不動産を売買した場合は，所有権移転登記を申請することになります。この場合，買主が登記権利者であり，売主が登記義務者です。この両者が，「共同」して，「書面」によって，法務局に登記の移転を申請することになります。実際は，本人ではなく，司法書士を共同代理人として申請されることがほとんどです。法務局は，提出された書類等に不備がないかのみ審査します（実質的審査権はない）。意思主義からは結果の届出とするのがふさわしく，またすべての内容を確認するのはコストがかかりすぎるからです。

# 19 動機の錯誤
——動機と意思表示と法律行為（契約等）へのアプローチ

例えば、Bが、銀行から融資を受けることを伝えた上で、Aからマンションを購入した場合において、Bが銀行からの融資を受けることができなかったとします。この場合、「融資を受ける」ことは、売買契約の動機に過ぎません（売買契約自体の問題ではないから）。では、Bは売買契約について、錯誤を主張することはできないのでしょうか。

## 1 二元説

第2部16「意思表示の構造」でみたように、動機は法的な考慮対象にはならず、「動機の錯誤」とは第95条にいう錯誤にならないことを意味する名称でした。そうすると、「動機」と「意思表示」の2つの次元に分けることが検討の出発点となります。

動機の錯誤となる場合は、①主観的理由の錯誤、②属性に関する錯誤、③前提事情に関する錯誤があります。具体的には、マンションの購入を、①彼女が喜ぶと思って（目的物に関係ない理由）、②日当たりが良いと思って、③融資が受けられると思って、した場合です。既に述べたように、②は内容の錯誤と区別することは困難です。しかし、①と③は、表意者の自己支配領域内の問題ですから、リスクは表意者が負担すべきです。特に、①は勝手な思い違いに過ぎません。もっとも、③は意思表示（自己決定）の前提となる情報に関する誤解であり、そのような誤解があれば、通常一般人も間違った意思表示をすると考えられる以上、表意者保護が要請されそうです。したがって、二元説では、上記②と③については、錯誤が成立する余地がある、と考えることになります。

最高裁は、「意思表示の動機の錯誤が法律行為の要素の錯誤としてその無効をきたすためには、その動機が相手方に表示されて法律行為の内容となり、もし錯誤がなかったならば表意者がその意思表示をしなかったであろうと認められる場合であることを要するところ（最判昭和29年11月26日・民集8巻11号2087頁）、右動機が黙示的に表示されているときであっても、これが法律行為の内容となることを妨げるものではない。」と判示しました（最判平成元年9月

14日判時1336号93頁)。

## 2 一元説

二元説に対して，①意思不存在が当然に無効ではない（第93条参照），②取引安全の保護といっても通常の錯誤の場合も相手方からは分からないのは同じ，③実際に問題となるのは動機の錯誤がほとんど，という理由から，学説では，動機を分けずに，錯誤を「真意（錯誤が無ければ有していたであろう意思）と表示の不一致」と理解して，相手方が表意者本人の錯誤を認識していたか，あるいは認識可能かどうか，を要件として主張する一元説が有力です。錯誤が成立すると相手方は契約が無効となる不利益を被るが，これは，相手方に本人が錯誤になっているという「認識」がない場合にこそ当てはまる不利益です。反対に，相手方に本人の意思表示に対する正当な信頼がない場合は錯誤を認めてよいことになります（信頼がない場合として，①共通錯誤，②相手方により惹起された錯誤，③相手方の認識可能な錯誤）。信頼がキーワードですから，一元説でも，「表示」されていれば何でも錯誤無効が主張できるわけではなく，その錯誤があれば契約を無効にしてよいほど重要かどうかが問題となります。

## 3 近時の見解

上記のいずれの見解あるいは判例においても，動機が表示されて法律行為（契約等）の内容になっていれば錯誤の対象になります。これは，動機から内容への繰り上がりのようですが，素直に，条文の文言を満たすか否かが問題であり，錯誤となっている事実部分が当該法律行為（契約）で占める意味を考えることが重要となります。学説は，次の２つの方向で展開しています。

新二元説は，契約を中心に考え，動機錯誤の問題は錯誤以外で対処する見解です。動機錯誤は，錯誤としては顧慮せず，明示または黙示に契約によるリスク配分の合意に取り込まれている限りで 条件・前提（行為基礎）・性状保証・履行不能法理等によって処理することになります（「動機錯誤不顧慮説」ともいう）。例えば，冒頭の銀行からの融資を受けたＡＢ間のマンションの売買では，融資が下りるまで効力が停止いている「停止条件」と考えて「錯誤」では取り扱いません（通常は，融資が下りることを条件に売買契約がなされている）。この見解では，動機が問題となる部分は，契約交渉や内容として「予め対処可能」

であり(「マンションの日当りが悪ければ解約します」等),手を打たなかった以上,動機は考慮しないのが原則と考えることになります。

　新一元説は,契約を中心に考え,合意の拘束力は債務負担を正当化する理由がある場合に限られると考える見解です。つまり,正当化理由がない場合は,合意の拘束力は否定され,理由に錯誤があれば(要素の錯誤であれば)無効となります(「合意原因説」ともいう)。一元説のように相手方の認識可能性を画一的に要件とするのではなく,具体的契約において動機の占める役割や重要度に応じて「要素の錯誤か否か」により,合意の原因が欠けていると評価できるか否かを判断します。やはり「契約」という視点ですが「正当性」を意思以外にも要求し,特に給付の均衡を重視します(日当たりが良いと思って購入したマンションの日当たりが悪かった場合,日当たりが良い部屋と対価(代金)が同等ならば契約の拘束力は維持されるべきではない)。

　新二元説は,意思決定の自由を尊重・重視してリスク配分を考えています。これに対して,新一元説は,自由に委ねるのではなく,外部からのチェックという観点を重視しています。この違いは,なぜ債務に拘束されるのか?契約とは何か?=何にどこまで拘束力があるのか,を「どうやって決めるのか?(自律?国家保護?)」という問題であり,「契約」の理解に係っています。

　現在の学説の展開及び当初の名称の理由を考えると,契約の内容確定や拘束力が中心問題であることから,かつての意味で「動機の錯誤」という名称を用いるのは,もはや適切ではないでしょう。

---

**関連知識**

**債務不履行・売主の担保責任**

　契約と異なった内容であるから,という理由で契約の無効(不存在)を主張する錯誤では,契約による利益を断念することを意味します。したがって,同じ理由で,取り替えて欲しい,直して欲しい,として契約による利益を目指すときには,錯誤は役に立ちません。民法では,契約による利益を確保するために,債務不履行(第415条),売主の担保責任(第561条以下)という制度を用意しています。

第2部 セカンドステップ

## 20 第96条3項の善意の第三者は、どんな者ならば保護に値するのか

　例えば、甲土地がAからBに、BからCに売り渡されたところ、実はAB間の甲土地の売買契約に無効原因があったとします。この場合、甲土地の所有権は初めからAに留まり続けていたことになり、Cは甲土地の所有権を得ることができません（無権利の法理）。したがって、CがAから所有権に基づく甲土地の明渡請求を受けた場合、Cは応じざるを得ません（BC間の甲土地の売買契約は債務不履行となる）。この結論は、Cが甲土地の所有権の登記名義がBになっていることを信頼しても、あるいはCが所有権の登記名義を得ていても、変りません（登記に公信力はない）。

　民法では以上を原則としつつ、「特別に」Cの保護を認める規定として、総則には第94条2項及び96条3項があります。ところで、不動産取引においては、登記をしなければ第三者に対抗することができないとされ（第177条）、また、現実にも登記を移転するのが社会実態です（なお、登記の移転は強制ではない）。そうすると、第94条2項と96条3項により「特別に」保護される第三者とは、登記を得た第三者と制限的に考える必要はないのでしょうか（なお第32条1項後段も同様だが文言からCは保護される）。

### 1　第94条2項

　第94条2項が問題となるのは、冒頭の例でAB間の取引が通謀虚偽表示であった場合です。そして、CにとってはAによるAB間の無効主張が封じられるため、AB間は通常の取引となります。通常の取引であれば、AはBに対し、BはCに対し、甲土地を移転する義務を負います。したがって、CからみたA（前々主）は、B（前主）と同じく、Cに対し「甲土地を移転しない」と争うことのできる人ではありません。つまり、AC間は当事者間と同じ利益状態ですから、「第三者」との関係を規律する第177条の適用はありません。そうすると、Cはそもそも登記なくしてAに権利を主張することができる人ですから、第94条2項の場面において、Cに登記を要求する理由がありません。また、実質的な利益衡量においても、そもそも虚偽の外形を作出したA

に原因があり，何ら問題のないCが保護されるためにさらに登記を得ておく必要がある，と考える必然性はないように思えます（最高裁も登記不要と判示する；最判昭和44年5月27日民集23巻6号998頁）。

## 2　第96条3項

　詐欺の効果は取消しであり，取り消されるまでは有効，つまり通常の取引です。そして，第96条3項の意味は取消しの遡及効が制限される，つまりCにとってはAC間が有効のままとなります。そうすると，上記1でも確認したように，AC間の関係では第177条の適用はありません。しかし，実質的な利益衡量においては，第94条と比べると，詐欺の場合は本人Aに原因があるとは言い難い面があります。つまり，騙された本人Aも保護に値する人です。そうすると，第94条と比べると，Cが「特別に」保護を受けるためには，保護に値すべき人，つまり不動産取引においてすべきことをすべてした，即ち登記の書換えを了した人が保護に相応しい，という理解が成り立ち得ます（もちろん，出発点は本人Aより第三者Cの保護）。なお，ここでの登記の役割は，取得した権利を保護してもらうに相応しいか否かの基準なので「権利保護資格要件」としての登記となります（第三者との関係を規律する第177条の登記とは別の役割）。

　最高裁は，「（民法第96条3項は，）……取消の効果を『善意の第三者』との関係において制限することにより，当該意思表示の有効なことを信頼して新たに利害関係を有するに至つた者の地位を保護しようとする趣旨の規定であるから，右の第三者の範囲は，同条のかような立法趣旨に照らして合理的に画定されるべきであつて，必ずしも，所有権その他の物権の転得者で，かつ，これにつき対抗要件を備えた者に限定しなければならない理由は，見出し難い。」と判示しました（最判昭和49年9月26日民集28巻6号1213頁）。

　この最判昭和49年では，対抗要件としての登記を要求しない一方で，第三者の範囲は合理的に画定されると述べています。そして，最判昭和49年の事案を冒頭の事例で説明すると，甲土地について直ぐに所有権移転の登記ができなかったためにCは仮登記をした，つまりCはできることをすべてしていた第三者でした。したがって，学説には，最高裁は「権利保護資格要件」としての登記を要求しているとする見解もあります。

第2部　セカンドステップ

## 21　代理権の濫用は，どのように考えればよいか

　例えば，代理人Bが，本人Aの名において相手方Cから商品を買い入れたが，この商品買い入れは，実はAの利益のためではなく，買い入れた商品をBが第三者に横流しして，Bが自身の利益を不正に図るために行ったとします。このように「代理人が自己または第三者の利益をはかるために権限内の行為をしたとき」を代理権濫用といいます。代理権濫用は，本来は代理が備えている本人のためになされるという実質を備えていません。しかし，形式的には代理人が代理権の範囲内の行為を行っただけです。したがって，代理権濫用につき，無権代理なのか有権代理なのか，また，相手方との関係をどのように考えればよいか，問題になります。特に包括代理の場合は，代理権濫用を無権代理と考えても第110条の適用可能性がないため，問題となります（すべてが有権代理）。

### 1　内部関係と外部関係

　代理権濫用の場合，代理人は，本人との委任契約等の「内部関係」における義務（第644条・646条）に故意に違反しているため，本人に対し損害賠償責任を負うことになります（第415条）。ここで問題になるのは，本人は，相手方に対し，代理人が行ったことが「内部関係」において正当視されえないことを理由に，相手方からの履行請求に応じなくてもよいのかということです。つまり，冒頭の事例では，本人Aは，相手方Cからの商品の代金請求に応じなくてもよいのかという問題です。

　繰り返しますが，代理権の根拠である内部関係は委任や雇用という関係です。内部関係に違反したことについては委任や雇用の義務違反で考えることになります。ここで注意する必要があるのは，なされた行為の効果が本人に帰属するか否かは代理の問題として独立に考えなければならないということです。

### 2　代理の効力が生じる要件

　第99条により，代理の効果が本人に帰属するには，①代理人が授与されている「代理権の範囲内」で意思表示をしていること，②本人が相手方に対して意思表示をする際に「本人のためにすることを示」すこと（顕名），が必要です。

①について，判例は，代理人の背任的意図の存在は，代理権の範囲に影響を与えないと判断していると考えられます（大判明治38年6月10日民録11輯919頁参照）。すなわち，商品を買い入れる代理権を本人から授与された代理人が商品購入の意思表示を行った以上，この意思表示の際，代理人が背任的意図を有していたとしても，このような背任的意図の存在は代理権の範囲に影響を与えないので無権代理にならず，有権代理にとどまると考えられています。

　②について，判例・通説は，代理人が相手方に対してする意思表示の効果を本人に帰属させる意思をもち，その旨の表示をすることであると考えてきました。つまり，「本人の利益のためにする意思」の存することは必要ではありません。このような考えでは，代理人と相手方との間で締結される売買契約等の代理行為の時点で，内部関係に反して本人以外の者の利益を図るという背任的意図を代理人がもっていたとしても，代理行為の効果を本人に帰属させる意思を代理人がもって，その旨を相手方に表示すれば，顕名の要件は満たされることになります（大判大正9年10月21日民録26輯1561頁参照）。

　以上から，代理権濫用の場合でも，第99条の規定する①と②の要件が満たされるため代理の効力が生じ，冒頭の事例においても，原則として，本人Aは相手方Cからの商品の代金請求に応じなければならないことになります。この帰結は，本人が代理人を選任して，代理権を授与し，しかも代理人選任後，本人が代理人を監督できる「任意代理」にあたる事例においては，肯定できると考えられます。

## 3　代理権濫用の法的構成

　しかし，代理人との売買契約等の代理行為時に，代理人に背任的意図があることを相手方が「知ることができ」て，本人に不利益になる代理行為になるのではないかという疑念を持った場合に，相手方が本人に対し，疑念を晴らすため問い合わせをすることなく，漫然と代理人との取引に応じたようなときは，それでも，本人は，このような相手方からの代理行為に基づく履行請求（冒頭の事例では商品の代金請求）に応じなければならないのでしょうか。

　この問題は，本人の代理人に対する監督措置不作為と相手方の本人に対する調査の不作為のそれぞれの信義則（第1条2項）に反する程度の比較の問題と

して考えることもできます。つまり，一応は，代理権濫用であっても代理の効果が本人に帰属することを前提として，一般条項で解決する方法です。

　この問題につき，最高裁は，代理権濫用の場合，「代理人が自己または第三者の利益をはかるため権限内の行為をしたときは，相手方が代理人の右意図を知りまたは知ることをうべかりし場合に限り，民法93条但書の規定を類推して，本人はその行為につき責に任じないと解するを相当とする」と判示しています（最判昭和42年4月20日民集21巻3号697頁）。

　上記2で確認したように，代理人の意思は，濫用の目的を達するためにも本人に効果を帰属させるという意思ですから，心裡留保ではありません。前掲・最判昭和42年判決の少数意見は，「おそらく多数意見も，代理人の権限濫用行為が心裡留保になると解するのではなくして，相手方が代理人の権限濫用の意図を『知りまたは知ることをうべかりしときは，その代理行為は無効である，』という一般理論を民法93条但書に仮託しようとするにとどまるのであろう。すでにして一般理論にその論拠を求めるのであるならば，前述のように，権利濫用の理論または信義則にこれを求めるのが適当ではないかと考える。」と指摘しています。

　信義則や心裡留保で考える見解に対して，学説の中には，代理権濫用にあたる代理行為は原則として無権代理になり，代理人の背任的意図の存在を知り得なかった相手方を第110条の表見代理で保護すると考える見解もあります。しかし，この見解だと，一般社団法人の代表理事のように，広範な範囲の包括的な代表権が付与されている場合（一般社団法人法第77条4項参照），代表者が代表（代理）行為時に背任的意図を持っているだけで無権代表となり，相手方が背任的意図について代表行為時に善意・無過失である場合にだけ第110条で保護されるという解決になり，これでは，相手方の保護に欠けることになるのではないかという疑問が生じます。

## 4　法定代理権の濫用

　例えば，法定代理人に分類される親権者は，本人により選任されるものではありません（第818条・824条等参照）。また，本人である未成年者は親権者により保護される存在であり，親権者を監督し得る立場にはないと考えられます。

法定代理は，これらの点で「任意代理」の場合とは異なる状況にあると考えられます。

　もっとも，最高裁は，親権者による法定代理権の濫用の場合も，前掲の最判昭和42年と同じく，第93条ただし書きの規定の類推適用によって解決しています。最高裁は，親権者（母親）が子を代理して子の所有する不動産を第三者である父方の叔父の経営する会社の債務の担保に供した事案において，「親権者は，原則として，子の財産上の地位に変動を及ぼす一切の法律行為につき子を代理する権限を有する（民法824条）ところ，親権者が右権限を濫用して法律行為をした場合において，その行為の相手方が右濫用の事実を知り又は知り得べかりしときは，民法93条ただし書きの規定を類推適用して，その行為の効果は子に及ばないものと解するのが相当である」と述べた上で，「…親権者が子を代理してする法律行為は，親権者と子との利益相反行為に当たらない限り，それをするか否かは子のために親権を行使する親権者が子をめぐる諸般の事情を考慮してする広範な裁量にゆだねられているものとみるべきである」という判断を前提に，「親権者が子を代理して子の所有する不動産を第三者の債務の担保に供する行為は，利益相反行為に当たらないものであるから，それが子の利益を無視して自己又は第三者の利益を図ることのみを目的としてされるなど，親権者に子を代理する権限を授与した法の趣旨に著しく反すると認められる特段の事情が存しない限り，親権者による代理権の濫用に当たると解することはできない」と判示しています（最判平成4年12月10日民集46巻9号2727頁）。もっとも，学説は，この判決に対して，未成年者の財産保護の観点などから問題であると批判しています。

　なお，成年後見人の法定代理権濫用の効力に関する最高裁の判例は，今のところ見当たりません。成年後見人等に対しては，家庭裁判所や後見監督人等による監督がなされます（第849条・863条等参照）。それでも，公的な監督の目が行き届かず，成年後見人が，被後見人等の利益になるように使用すべき被後見人の預貯金を下ろして着服し，被後見人に損害を与えるなどの社会問題も起きています（第2部6「後見制度の実態，実情」を参照）。学説では，後見制度における代理権濫用についても，第93条ただし書き類推適用により無効となり得るという考え方も示されています。

## 22 委任状(の解釈)と第109条は、どのような関係にあるのか

　本人から代理人に代理行為が委託される際、委任状が交付されることがよくあります。委任状には、①本人、②代理人、③委託される内容、④相手方が記載されます（この他に有効期間等）。代理人が、委任状に記載された内容と異なる行為を行ったときは、各内容が委任状に明確に記載されていれば単に無権代理です。では、本人が代理人に対し、委任状の項目を空欄のままで交付した場合（「白紙委任状」という）において、本人の知らないところで委任状所持者によって項目が補充された上で当該委任状を用いた代理行為がなされたときは、どのように考えればよいのでしょうか。委任状が、交付を受けて所持している者に対して本人が客観的に代理権を授与したと扱ってよいことを前提に取引活動で用いられている仕組みだとしても、第109条は委任状の記載を信じた者は保護されるという条文ではありません。第109条を適用するためには、①本人は委任状に何を表示したのか（本人の帰責性）及び②委任状が用いられた状況（相手方の過失）を検討する必要があります。

### 1　委任状を交付した本人の意思

　委任状の各項目が空白のままだと委任状所持者により本人に不利な内容が補充されるおそれがあるため、委任状の各項目は、本人がすべて記載することが通常です。したがって、本人が「白紙」のまま委任状を交付したときは、「不利益を受けても構わない」との意思であるとは考えられないため、本人には何らかの意思・意図があるからこそ「白紙」で交付したと考えられます。

#### (1)　人の欄が白紙の場合

　まず、本人、代理人及び相手方が誰か明確に決まっているのに白紙で委任状が交付された場合の本人の意思は、委任状所持者による代筆の依頼と考えられます。次に、特定人を意図していないからこそ白紙の場合があります。相手方欄が白紙の委任状を交付した本人の意思は、代理人に「有利な取引先を探してくること」の委託と考えられます。また、代理人欄が白紙の委任状を交付した本人の意思は、代理人に「その内容（契約等）につき能力の高い代理人を選定

すること」の委託と考えられます（なお，本人が白紙のときは何の意味も持たない）。

(2) 内容の欄が白紙の場合

まず，本人から代理人に対して実際に代理権授与があり，授与された権限と同じ内容が委任状所持者によって委任状に補充されるときは，単なる代筆の依頼と考えられます。次に，代理権授与があるが委任状所持者によって任意の内容が補充されるときは，委任状所持者に内容の決定権が与えられた，あるいは，包括代理の授与が考えられます。

以上で確認したように，委任状所持者によって委任状の白紙部分を補充することが当初から予定されているときは，補充された（白紙）委任状が用いられても通常の代理行為となります。つまり，委任状が交付されているからといって直ちに第109条の問題にはなりません（第109条は無権代理であることが前提）。

## 2 委任状につき第109条が適用される場合

(1) 内容の問題が生じる場合

例えば，融資を受けたいAがBに相談したところ，Bは「Aの土地に抵当権を設定して，知り合いのCから融資を受けるように取りはからってやろう」と言い，Aから①抵当権の登記申請に必要な書類，②受任者と委任事項が空欄の白紙委任状を受領した上で，Bが委任事項につき「Aの債務を担保するため」と記載すべきところを「Bの債務を担保するためのA所有の土地への抵当権設定」と書き込んで，Aの代理人として，Cとの間でA所有の土地への抵当権設定契約を締結したとします。

この事例を委任状の「偽造」と考えると無権代理です。しかし，白紙の委任状として交付されたという事実・本人の意思からは，BによるCに対する委任状の提示は，Aによる代理権授与のCに対する表示と考えられます（表示行為に付きBを道具とする）。つまり，「Bの債務を担保するため」という代理権は授与されていないが，代理権を与えた旨の表示のみ存在することになるため，第109条の問題となります。

ところで，この事例では，授与された代理権限と異なる代理行為が行われたとして第110条を想起するかもしれません。しかし，本人の「白紙」の意思解

釈から，表示されたものが本人の意思に対応していると考えます（第2部16「意思表示の構造」を参照）。また，第109条は対外的に「表示」をした点に本人の帰責を求める一方で，第110条は対外的な表示の問題ではありません。したがって，この問題は，第110条の問題とは処理されていません。

(2)　行使者の問題が生じる場合

では，同じ事例で，内容を勝手に補充したのが，Bから上記①と②の書類を取得した第三者Dであればどうでしょうか。最高裁は，「不動産登記手続に要する前記の書類は，これを交付した者よりさらに第三者に交付され，転輾流通することを常態とするものではないから，不動産所有者は，前記の書類を直接交付を受けた者において濫用した場合や，とくに前記の書類を何人において行使しても差し支えない趣旨で交付した場合は格別，右書類中の委任状の受任者名義が白地であるからといつて当然にその者よりさらに交付を受けた第三者がこれを濫用した場合にまで民法109条に該当するものとして，濫用者による契約の効果を甘受しなければならないものではない」と述べて，第109条を適用することはできないと判示しました（最判昭和39年5月23日民集18巻4号621頁）。

また，最高裁は，本人Aが，BがCを通じて「他から」融資を受ける保証人になることを承諾し，「C又は同人の委任する第三者に」保証契約の代理権を与える目的で，内容が記載されていない委任状及び印鑑証明書等をCに交付した事案において，「Cを通じての融資が不成功に終つたので，Bが，Cから右委任状などの返還を受け，Dとの間に本件消費貸借契約を締結するにあたり，Dに対し右Aの白紙委任状，印鑑証明書などを交付し，自らAの代理人として本件連帯保証契約を締結した…事実関係によれば，AはDに対し，Bに右代理権を与えた旨を表示したものと解するのが相当である」と判示しました（最判昭和42年11月10日民集21巻9号2417頁；傍点は筆者補足）。

流通を予定していない委任状は，本人が「委任状所持者でありさえすれば代理権を与える」と表示したわけではなく，また，事項の濫用に本人の帰責性がありません。したがって，上記の最高裁判決からは，代理権授与の表示の有無は流通の予定を基準としていると考えられます。

## 3　委任状が用いられた状況の考慮

　学説では，流通の予定を基準とする見解の他に，相手方（第三者）の信頼と白紙委任状の交付という事態は流通を予定している場合と変らないため，外観を与えた本人は責任を負わなければならないという見解が有力に指摘されています。両見解の違いは，次のような事例で起こります。

　上記2の初めの事例において，C会社自体が資金繰りに困っており，実はBはC会社の代表Eと結託していた場合に，代表Eは，BがAから預かった上記①と②の書類を利用して，「代理人をE，委任事項をC会社がFに対して負担する代金債務を担保するためのAの土地への抵当権設定」と書き込んで，Aの代理人になりすましてFのために抵当権設定登記を行ったとします。流通の予定を基準とする見解では，内容の問題として「白紙委任」の意思解釈，行為者の問題として「流通の予定」の組み合わせとなり，代理権授与の表示は否定されます。しかし，有力な見解だと代理権授与の表示を一応は認めた上で，相手方の善意・無過失で本人と相手方の利益を考慮することになります。両者の違いは表示を厳格に認定するか，客観的に広く認めるか，というアプローチの違いです。なお，この有力な見解では，第110条でも同様の判断枠組を採ることになります（第2部25「110条の『正当な理由』」を参照）。

　最高裁も，「（Aによる代理権を授与した旨の表示があっても）抵当権設定契約は，FとC会社との間の石油類販売契約に基づくFの右会社に対する代金債権を担保する目的で締結されたもので，……Fは，C会社及びE個人に資産のみるべきもののないことを了知していたが，一方，担保物の提供者たるAと面識をもたず，また，AらとEとの関係についてもなんら知るところがなかつた。……（不動産評価のためにAを訪れたが）Fは，Eの代理権について，これを確かめるためのなんらの措置もとらなかつた。……Fは，直接，本人であるAらにEの代理権の有無を確かめる取引上の義務を負い，このような措置をとることなく，漫然Eに前記契約締結の代理権ありと信ずるにいたつたことには過失があり，民法109条所定の表見代理は成立しない」と判示しています（最判昭和41年4月22日民集20巻4号752頁）。いずれの見解にせよ，相手方（第三者）は，本人が不自然な形で損失や負担を負う内容の委任状だけを信用しても保護に値しない，ということです。

## 23 第110条の基本代理権とは，どのように考えればよいのか

　第110条が適用されるためには，①「基本代理権」の存在と②第三者（相手方）が問題となっている代理行為は代理権の範囲内であると信ずべき「正当な理由」があることが必要です。ここでは，①基本代理権につき，どのような代理権であればよいのか，整理します（②については第2部25「第110条の『正当な理由』」を参照）。

### 1　「基本代理権」の意味——質的連続は不要

　第110条が適用されるためには「基本代理権」，つまり，問題となっている行為自体をカバーするまでの代理権は授与されていないが，本人が代理人に何らかの代理権（基本代理権）を授与していることが必要です。例えば，代理人Bが本人Aのために100万円の金銭消費貸借を締結した場合に，実は本人Aは代理人Bに50万円の金銭消費貸借の代理権を授与していた等です。

　では，例えば，同じ事例でBが，Aを代理して，B自身の借金の連帯保証人にAがなる契約を代理して締結してしまう等，「量的に超えて」ではなく，「質的に異なる」行為を代理人が行った場合でも，第110条は適用されるのでしょうか。

　まず，権限外という言葉からは質的な連続が必要に思えます。しかし，形式的には質的に異なる行為も，権限外であることに違いありません。次に，第110条等の表見代理は①本人の帰責性と②相手方の善意・無過失を要求しています。②からは「質的」に異なっていても，相手方が権限があると信ずべき理由の有無において考慮して検討することが望ましいと考えられます。①については代理人による勝手な行為ですから，本人に帰責性はないよう思えます。しかし，そもそも代理制度が本人の私的自治の拡充，つまり本人に利益（メリット）を受けさせる制度ですから，その制度の利用にかかる危険（リスク）は相手方ではなく本人が受けるのが公平です。端的には，勝手な行為をするような者を代理人に選んだこと自体が本人の帰責性と考えられます（法定代理との関係については4を参照）。

判例は，第110条は全くの代理権を有しない者による行為には適用がないとしても，何らかの代理権を有する者がなした行為であれば，基本代理権との間に何らの関係がなくても適用があり，ただ，相手方が代理人に権限があると信ずべき正当の理由があると認められない限りで，適用が除外される，としています（大判昭和5年2月12日民集9巻143頁）。ちなみに，全く代理権がない場合に代理権の存在を誤解した場合は，第109条の問題です。

## 2　事実行為と「基本代理権」

代理人は「意思表示」を行う者です（第99条参照）。そうすると，第110条が適用されるための「基本代理権」は，代理人が「意思表示」ないし「法律行為（契約等）」をするために代理人に授与された権限でなければなりません。したがって，意思表示ではない「事実行為」を行うための権限は，第110条が適用されるための「基本代理権」にあたらないことになります。

最高裁は，一般人を勧誘して借り入れた金員を資金にして貸金業を営むX社の勧誘外交員であるAが，勧誘行為に長男Bを事実上あたらせてきたにすぎないのに，Bが勧誘したCに対するX社の借入金の返済債務につき，BがAを代理してAを連帯保証人にする契約をした事案において，「民法110条を適用し，Aの保証契約上の責任を肯定するためには，先ず，Aの長男(B)が，Aを代理して少なくともなんらかの法律行為をなす権限を有していたことを判示しなければならない。……勧誘それ自体は……事実行為であって法律行為ではないのであるから，他に特段の事由の認められないかぎり，右事実をもつて直ちにBがAを代理する権限を有していたものということはできない」と判示しました（最判昭和35年2月19日民集14巻2号250頁）。

しかし，この最判昭和35年には，「表見代理の基礎たる代理行為は必ずしも厳格な意味における法律行為に限定する必要はない」との少数意見が付されています。また，学説でも，意思表示・法律行為のための「代理権」でなくても，本人が対外的な関係を予定して，「重要な事実行為」のための代行権限（基本権限）を代理人に授与していれば，第110条適用のための要件を充たし得るとする見解が有力です。このような考え方の根拠として，事実行為の中にも経済的・社会的重要性があるものもあることや，事実行為のための権限授与の場

合でも本人の「帰責性」が認められれば，「基本代理権」の存在という要件を充たすと考えてよいこと等が挙げられています。

## 3 公法上の行為と「基本代理権」

　上記2の冒頭に述べたように基本代理権は民法上の意思表示，つまり権利変動に向けた意思の表示に関する権限である必要があります。では，既に不動産の権利変動が発生した後で法務局に登記の申請をしたり，市役所に登録してある住民票の写しや印鑑登録証の交付を受けるための，いわゆる「公法上」の権限は，第110条が適用されるための「基本代理権」に当たるのでしょうか。

　判例には，死亡届を出すために印章を交付された者が，これを利用して本人を代理して金銭消費貸借契約を締結した場合に，「基本代理権」の存在を否定したものがあります（大判昭和7年11月25日新聞3499号8頁）。学説は，この判例につき，死亡届という「公法上」の行為に関するものであったことが，「基本代理権」の存在の否定という判断の根拠になっていると説明します。また，最高裁も，印鑑証明書下付(かふ)申請行為という公法上の行為を依頼された者が本人を代理して代理人自身の債務の担保のために本人所有の土地・家屋に根抵当権を設定する契約をした事案において，「取引の安全を目的とする表見代理制度の本旨に照らせば，民法110条の権限踰越(ゆえつ)による表見代理が成立するために必要とされる基本代理権は，私法上の行為についての代理権であることを要し，公法上の行為についての代理権はこれに当らない」と判示しました（最判昭和39年4月2日民集18巻4号497頁）。

　しかし，その後，最高裁は，贈与された土地の所有権移転登記手続きを為すことを贈与者から委任され，実印，印鑑証明書及び登記済証を交付された受贈者が，これらを利用して，本人を代理して自己の債務のために本人を連帯保証人とする契約を締結した事案において，「（登記申請は公法上の行為であるが）私法上の契約に基づいてなされるものであり，その登記申請に基づいて登記がなされるときは契約上の債務の履行という私法上の効果を生ずるものであるから，その行為は同時に私法上の作用を有するものと認められる。そして，単なる公法上の行為についての代理権は民法110条の規定による表見代理の成立の要件たる基本代理権にあたらないと解すべきであるとしても，その行為が特定の私

法上の取引行為の一環としてなされるものであるときは，右規定の適用に関しても，その行為の私法上の作用を看過することはできないのであつて，実体上登記義務を負う者がその登記申請行為を他人に委任して実印等をこれに交付したような場合に，その受任者の権限の外観に対する第三者の信頼を保護する必要があることは，委任者が一般の私法上の行為の代理権を与えた場合におけると異なるところがないものといわなければならない。」と述べて，「登記申請行為が……私法上の契約による義務の履行のためになされるものであるときは，その権限を基本代理権」となし得ると判示しました（最判昭和46年6月3日民集25巻4号455頁）。この判例は，「基本代理権」の解釈を厳格にしていたそれまでの判例の態度を緩める方向を示したと評されています。

## 4　法定代理への第110条の適用可能性

　昭和22年の親族法改正前は親族会という制度がありました（改正前の第886条）。判例は，未成年者の親権者が親族会の同意を得ないで行った株式売却の委任につき，相手方が，親族会の同意を得たと信ずべき正当理由がある場合に，未成年者は親権者の代理行為の責任を負うべきであるとして，「法定代理」にも第110条の適用があるという立場をとりました（大判昭和17年5月20日民集21巻571頁）。

　現在において法定代理に第110条が適用され得る場合として，成年後見人，保佐人，補助人につき複数人が選任された場合に権限を共同して行使すべきことが定められたにもかかわらず（第859条の2第1項・第876条の5第2項），これに反して単独で代理行為がなされたときが考えられます。

　上記2と3にも共通することですが，表見代理を権利外観法理（表見法理）と捉えると，法定代理において本人に帰責性（代理権授与）を見出すことは困難です。しかし，表見代理を取引安全保護の制度と捉えると，責任の根拠として基本代理権に該当する何らかの代理権がありさえすればよいと考えることができます。

## 24 第110条の基本代理権と第761条は、どのような関係にあるのか

　第761条は、夫婦は日常家事に関する債務について連帯責任を負うことを定めています。衣食住に必要な日用品の購入、電気代、ガス代、家賃の支払いなど、夫婦は日常家事に関して生じた債務について連帯して責任を負わなければなりません。この第761条の趣旨は、①夫婦は一つの婚姻共同体である以上その共同体を維持していく上で必要な行為については共同して責任を負うべきであること（取引を行わなかったからといって責任を追わないのは不公平である）、また、②夫婦の一方と取引をする相手方を保護しなければならないことにあります。このように、第761条は、夫婦の連帯責任について定めていますが、夫婦相互の代理権については直接に定めていません。もっとも、最高裁は、第761条は「夫婦は相互に日常の家事に関する法律行為につき他方を代理する権限を有することをも規定している」と判示しています（最判昭和44年12月18日民集23巻12号2476号）。学説の多数説も、日常生活において、特に妻が夫名義で契約を締結することは多く、代理権を認めなければ、実際上、不都合・不自然であること等を理由に、代理権の存在を肯定しています。では、もしこの日常家事代理権の範囲を超えて夫婦の一方が法律行為をしたとき、第110条の表見代理が成立する余地はあるでしょうか。

### 1 「日常の家事」の範囲

　そもそも第761条の日常の家事に関する法律行為とは、「個々の夫婦がそれぞれの共同生活を営むうえにおいて通常必要な法律行為を指すものであるから、その具体的な範囲は、個々の夫婦の社会的地位、職業、資産、収入等によって異なり、また、その夫婦の共同生活の存する地域社会の慣習によっても異なる」ことになります。しかし、そのような夫婦の内部的・個別的な事情のみでなく、「さらに客観的に、その法律行為の種類、性質等をも充分に考慮して判断」しなければなりません（前掲・最判昭和44年）。即ち、夫婦の一方と取引をする相手方の保護も考慮して、不動産の処分や多額の借金等の行為は、夫婦の内部事情に関わらず、行為の性質から、日常家事の範囲外だと考えることに

なります。

## 2　第110条の適用

上記の日常家事の範囲を超えて法律行為を行った場合，第110条の表見代理が成立する余地はあるでしょうか。わが国の夫婦財産制は，「夫が稼いだものは夫のもの，妻が稼いだものは妻のもの」という別産性です。つまり，夫婦といえども財産はそれぞれの独立のものであり，ソファーやベッド等「夫婦のいずれに属するか明らかでない財産」を除いては，各自の特有財産とされています（第762条）。

しかし，ここにおいて表見代理を適用することによって夫婦の一方の行った行為について他方に責任を負わせることになれば，夫婦の財産的独立をそこなうおそれがあります。最高裁も，「（日常家事）代理権の存在を基礎として広く一般的に民法110条所定の表見代理の成立を肯定することは」できないとします（前掲・最判昭和44年）。

## 3　第110条の趣旨の類推適用

もっとも，最高裁は，第110条を直接に適用することはできないけれども，「相手方である第三者においてその行為が当該夫婦の日常の家事に関する法律行為の範囲内に属すると信ずるにつき正当の理由のあるときにかぎり，民法110条の趣旨を類推適用して」，その第三者の保護をはかることを認めます。即ち，ここで第110条の直接適用を認めてしまうと，日常の家事をはるかに超える重大な行為までもが夫婦双方の責任とされるおそれがあって，夫婦の財産的独立という観点からは望ましくありません。そこで，本来の日常家事の範囲をはるかに超えてしまわないように，代理権があると信頼した場合とするのではなく，日常の家事と信じたことに正当な理由がある場合にのみ，相手方の信頼を保護するという第110条の「趣旨」を使って，夫婦の一方と取引をした相手方を保護するのです。表見代理ではなく，いわば「表見的家事」という新しいカテゴリーを判例は作り出したともいえます。

そして，表見的家事の場面では，代理権の存在の信頼を根拠づける実印や委任状といったものが評価されるのではなく，病院の診断書や子どもの学校の合格通知書等，医療費や養育費といった日常家事性を根拠づけるものが評価の対

象となります。相手方が，その行為が夫婦の日常の家事のための行為だと信じることを根拠づける事実が重要となるのです。

## 4　法定代理と第110条

　第761条の日常家事代理権は，婚姻関係にあることで法律上当然に生じる一種の法定代理権です。本人の意思によって授権された代理権ではないとすれば，この代理権を基礎にして表見代理を認めるのは本人にとって酷であるともいえます。もっとも，同じ法定代理でも，例えば判断能力が不十分である成年被後見人は，代理人である成年後見人を自ら監督することができませんが，夫婦であれば，一方が他方の代理権行使を監督することは可能です。また，成年後見人は家庭裁判所が職権で選任しますが（843条1項），結婚の相手は本人自らが選択しています。そうはいっても，代理権を与えるために結婚するわけではないとすれば，やはり日常家事代理権に本人の帰責性を見出すことはきわめて困難です。そこで，第110条の直接適用はもとより，第110条の趣旨の類推適用にも反対し，夫婦の一方が他方に任意代理権を与えたとみられる場合に限って，その任意代理権を基礎に表見代理を認めれば足りとする見解も有力に主張されています。

---

**関連知識**

**法律上の婚姻**

　法律上の婚姻が成立するためには，婚姻の届出が必要です（民法第739条1項）。どんなに立派な結婚式を挙げても，届出をしていないと法律上の婚姻とはいえません。そして，婚姻が成立すると，さまざまな法律上の効果が生じます。例えば，夫婦は同じ氏を称する（第750条），夫婦は同居し，互いに協力し扶助しなければならない（第752条）等の身分的な効果，夫婦は婚姻費用を分担する（第760条），日常家事債務について連帯して責任を負う（第761条）等の財産上の効果です。他方で，婚姻届をせずに事実上夫婦として共同生活をしている内縁関係は，法律上の夫婦ということはできません。しかし，実際には婚姻に準ずる関係として，さまざまな婚姻の効果が認められています（準婚理論）。日常家事債務の連帯責任なども認められます。ただし，同じ氏を称したり，相手方の相続人になったりすることはできません。

# 25 第110条の「正当な理由」とは，どのように考えればよいのか

　第110条の表見代理が成立するには，代理人側に「基本代理権」が必要であるだけでなく，相手方側に，授与された代理権の範囲内で代理人が行為をしていると信じたことにつき「正当な理由」が必要です。そこで，どのような事情があれば，「正当な理由」があると認定されるのかが問題となります。

　「正当な理由」の意義について，最高裁は，概ね，「無権代理行為がされた当時存した諸般の事情を客観的に観察して，通常人において右行為が代理権に基づいてされたと信ずるのがもっともだと思われる場合，すなわち，第三者（相手方）が代理権があると信じたことが過失とはいえない（無過失な）場合」をいうと判示しています（最判昭和44年6月24日判時570号48頁）。それでは，どのような事情があるときが，「もっともだと思われる場合」なのでしょうか。

## 1　代理人について

　代理人が，実印を本人から交付されていることは，「正当な理由」があるとの認定に有利に働くと考えられます。実印は日常の取引で重要視されているため，本人から代理人が深く信頼されていなければ，代理人に実印が託されることもないからです（大判大正8年2月24日民録25輯340頁参照）。最高裁も，「本人が他人に対し自己の実印を交付し，これを使用して或る行為をなすべき権限を与えた場合に，その他人が代理人として権限外の行為をしたとき，取引の相手方である第三者は，特別の事情のない限り，実印を託された代理人にその取引をする代理権があつたものと信ずるのは当然であり，かく信ずるについて過失があつたものということはできない」と判示しています（最判昭和35年10月18日民集14巻12号2764頁）。

　もっとも，長男，配偶者等の親族である代理人により本人の実印が無断で使用されている場合は，代理人が，別居の非親族の場合と異なって，本人の実印を無断で持ち出しうる環境にあると考えられるため，「正当な理由」があるとの認定に不利に働くと考えられます（最判昭和27年1月29日民集6巻1号49頁，最判昭和39年12月11日民集18巻10号2160頁参照）。

## 2　代理行為について

　過去に行われた代理行為と同種の行為がなされたときは，「正当な理由」があるとの認定に有利に働くと思われます。最高裁は，老齢の父に代わり家政を処理していた長男が父の山林を代理人として売却し，その後に同一の相手方に対して，また別の山林を売却したという事案において，「（長男に）一切の財産を管理処分する広汎な権限があることを推認せしめるに足るものがあり，（後の）本件山林の売買については少くとも同人（相手方）に被上告人（本人）を代理する権限ありと信ずべき充分の理由がある」と判示しています（最判昭和31年5月22日民集10巻5号545頁）。

　また，なされた行為が権限外の行為であっても，代理人自身の利益を図るためになされたのではなく，本人に不利益にならないことを意図してなされた行為であることは「正当な理由」があるとの認定に有利に働くと思われます。最高裁は，本人の財産の管理権を有し，本人の債務の整理や納税等の本人の不在中の財産管理の一切のことを処理していた代理人が，抵当債務を弁済する方が本人に有利であると考えて，抵当権が設定されている本人の土地を売却した事案において，「正当な理由」があるとした原審の判断を支持しています（最判昭和31年9月18日民集10巻9号1148頁）。

　これに対して，代理人自身の利益を本人の負担において図るような代理行為の場合には，「正当な理由」があることは否定される方向になると考えられます。最高裁は，代理人が，継続的取引から生ずる自分自身の債務のために，保証極度額及び保証期間につき制限がなく，責任範囲が相当の巨額になり，本人にとって極めて酷となる連帯保証契約を本人を代理して金融機関と締結した事案において，「かりに保証人の代理人と称する者が本人の実印を所持していたとしても，他にその代理人の権限の存在を信頼するに足りる事情のないかぎり，保証人本人に対し，保証の限度等について一応照会するなどしてその意思を確める義務があると解するのが，金融取引の通念上，相当であり，……（そのような措置をとらなかったならば）正当の理由があるとは認めえない」と判示しました（最判昭和45年12月15日民集24巻13号2081頁。なお，最判昭和51年6月25日民集30巻6号665頁も参照）。

　不動産の処分に関しては，前掲・最判昭和31年5月の事案のように「正当

な理由」が認められる場合はあります。しかし，学説は，一般的には，代理行為が不動産の処分等の場合には本人に大きな不利益が生じ得るので，「正当な理由」の存在は認められにくいと指摘しています。

## 3 相手方について

上記2の前掲・最判昭和31年5月に示されているように，同じ代理人と同種の取引をし，その取引が履行にまで至った経験のある相手方は保護に値し，「正当な理由」があると認定される方向になると考えられます。反対に，これまで本人とも代理人とも取引をしたことがない相手方の場合は，「正当な理由」があるとは認定されない方向になると考えられます（前掲・最判昭和39年参照）。さらに，相手方が，金融機関である場合は，金融機関には慎重さが求められますので，「正当な理由」があるとの認定が厳しくなる方向になると考えられます（前掲・最判昭和45年参照）。

## 4 本人について

最高裁は，「正当な理由」は，本人の作為や不作為あるいは本人の過失に基づく必要はないと判示しています（最判昭和28年12月3日民集7巻12号1311頁，最判昭和34年2月5日民集13巻1号67頁）。「正当な理由」を相手方の事情のみとすることは，特に，第110条を法定代理へ適用するための前提としての意味を持つことが指摘されています。

第110条は，条文に沿うと，まず「基本代理権」の存否で本人の問題を考え，次に「正当な理由」で相手方の事情を考慮するという二段階に分けて考えられます。もっとも，「正当な理由」の認定において疑わしい事情への相手方の対応を考慮するのであれば，その前提として疑わしい事情，つまり本人側の事情が織り込まれていることになります。そこで，学説では，正当な理由は「双方の事情を考慮して相手方を保護し本人に責任を課すべきか」を判断する要件であり，①本人の関与の程度，②基本権限からの逸脱の程度，③本人の不利益を考慮して決定する，という見解が有力です（総合判断説）。この見解では，第110条につき，基本代理権の存在を広く認めた上で，正当な理由で絞りをかけていく，という思考枠組になります。

第2部 セカンドステップ

## 26 無権代理人の責任とは，どのような意味・性質なのか

例えば，A所有の甲土地を売却する代理権を授与されていないBが，Aの代理人と名乗って，Cとの間で甲土地の売買契約を締結した場合における，Cの具体的な行動を考えてみます。

### 1 相手方がとるであろう行動

まず，Cには無権代理かどうか分からないため，通常の代理と同じく，CはAC間に成立した甲土地の売買契約に基づき甲土地の履行請求をします。そして，この履行請求に対して，Aが甲土地の売買契約を追認するか，あるいは，追認を拒絶することになります。

次に，Aによる契約の追認が得られなかった場合，Cは，表見代理が成立するときは，表見代理の効果として，甲土地の履行請求をします。これに対して，Aは表見代理の成立を争うことになります（第109条ただし書き等）。

そして，表見代理が成立しなかったときは，CはBに対し第117条の責任を追及します。この場合，Cは，契約によって得られる利益が市場から調達できるものであれば，履行の選択を行うことになります。しかし，土地に代表されるように本人（所有者）でなければ履行することができない利益であれば，Cは，損害賠償を選択して，金銭によって契約利益を実現するしかありません。

また，Cが売主のように初めから金銭債権を有しているときも，回収可能性を高くするために，同じ手順を踏むことが考えられます。なお，Cが第115条の取消権を行使したときは，Cは契約利益の実現を諦めたのだから，契約利益を保護する第117条の責任追及は認められないと考えられます。

### 2 無権代理と表見代理の関係

上記1と異なり，Cはいきなり無権代理人Bに対し第117条の責任を追及することもできそうです。しかし，表見代理は無権代理の特別扱いであることから，表見代理が成立するときは，無権代理人に第117条の責任を追及することができないのではないかという疑問が生じます。

この点につき，最高裁は，表見代理と無権代理は独立の制度であり，相手方

はいずれかを選択できること，また，無権代理人の側から表見代理の成立を主張することは許されないと判示しました（最判昭和33年6月17日民集12巻10号1532頁）。

## 3　相手方の過失について

　ところで，相手方が無権代理であることを知らなかったことにつき過失があるときは，表見代理は成立しません。そして，第117条2項より無権代理人の責任も生じません。つまり，相手方は保護を受けることができません。しかし，これでは第117条の意味がなくなります。そこで，第117条2項の過失を「重過失」と制限的に解することが考えられます。

　この点につき，最高裁は，条文において過失と重過失は書き分けられており，「無権代理人に無過失責任という重い責任を負わせたところから，相手方において……過失があるときは，同条の保護に値しないものとして，無権代理人の免責を認めたものと解される（から）……『過失』は重大な過失に限定されるべきものではない」と判示しました（最判昭和62年7月7日民集41巻5号1133頁）。つまり，相手方には無過失が要求されます。

　学説では，第117条は，意思決定をした無権代理人自身に契約を引き受けさせるのと同じ規定であるから，契約が有効であると信じた相手方のみ保護されればよいという理由から，相手方に無過失を要求する見解もあります。

## 4　無権代理人の過失・悪意について

　前掲の最判昭和62年では，相手方に過失がある場合に，代理権がないことを知らずに代理行為に及んでしまった無権代理人の免責を認める理論としては適切です。しかし，代理権がないことを知りながら代理行為に及んだ故意の無権代理人も免責されてしまう点は，どのように考えればよいでしょうか。

　まず，第117条は，文言上，無権代理人につき故意による区別をしていません。また，第117条は相手方の信頼保護を図る規定であるから，相手方が保護に値するかどうかだけを考えればよい，つまり，無権代理人に故意があるときを区別する必要はないと考えられます。

　これに対して，第117条を以上のように解するとしても，悪意の無権代理人が相手方の過失を証明して第117条の責任を免れるのは信義に反するため，無権代理人の免責を認めないという構成も考えられます。

第２部　セカンドステップ

## 27 無権代理人と相続は，どのように考えればよいか

　無権代理行為があり，その後，本人が追認も追認拒絶もしないまま死亡し，無権代理人が本人を相続した場合どうなるか。あるいは，逆に本人が無権代理人を相続した場合はどうなるか。第896条は「相続人は，相続開始の時から，被相続人の財産に属した一切の権利義務を承継する」と定めますが，このような無権代理と相続の場面において「一切の権利義務を承継する」とは具体的にはどのような効果を生ずるのでしょうか。

### 1　無権代理人が本人を相続した場合

　例えば，Ａの子Ｂが，Ａの実印を無断使用して，Ａの所有する不動産をＡの代理人と称してＣに譲渡し，登記も済ませた場合において，ＡがＢの無権代理行為につき追認も追認拒絶もしないまま死亡し，ＢがＡを単独で相続したとします。

　最高裁は，「無権代理人が本人を相続し本人と代理人との資格が同一人に帰するにいたった場合においては，本人が自ら法律行為をしたのと同様な法律上の地位を生じたものと」解しています（最判昭和40年6月18日民集19巻4号986頁）。これは，無権代理人が本人を相続すると，本人の資格と無権代理人の資格は融合するという考え方なので，「資格融合説」とよばれます。資格融合説によると，本人Ａが自ら法律行為をしたのと同じことになり，その法律行為は当初から有効であったと扱われます。

　もっとも，資格融合説に対しては，「資格併存説」という考え方もあります。資格併存説は，相続があってもＢの中に本人Ａの地位と無権代理人Ｂの地位が併存すると考えます。しかし，ＢはＣに対して「本人Ａとの契約が成立しますよ」と言っている以上，Ｂが本人Ａの地位において追認拒絶することは信義則上許されないと考えます（信義則説）。もっとも，資格併存を貫徹して，無権代理人Ｂも追認拒絶することができるとする考え方もあります。もしＡが死亡しなければ，ＣはＢに対して損害賠償責任を追及するしかなかったのであり（第117条），たまたまＡが死亡したことでＣに履行請求が認められる必然性は

ないとの考え方です（資格併存貫徹説）。

　ところで，上記のケースにおいて，無権代理人B以外に，無権代理とは無関係のDという共同相続人がいる場合はどうでしょうか。ここでも資格が融合して売買が有効となるとすると，不動産はCのものとなり，無権代理とは無関係の共同相続人Dの存在が無視されることになります。

　そこで，最高裁は，共同相続のケースでは，資格併存説に立ち，相続があっても無権代理行為が「当然に有効となるものではない」と判示しました（最判平成5年1月21日民集47巻1号265頁）。この場合，Bは自らの無権代理行為を追認してBの相続分についてだけ契約を有効にすることもできません。というのも，追認権は「その性質上相続人全員に不可分的に帰属する」ので，「共同相続人全員が共同してこれを行使しない限り，無権代理行為が有効となるものではない」からです（前掲・最判平成5年）。したがって，Dの同意が無い限り，Bの締結した売買契約全体が無効となります（ただし，B以外の共同相続人全員が追認している場合，無権代理人Bが追認拒絶することは，信義則上，許されない）。

## 2　本人が無権代理人を相続した場合

　例えば，Aの子であるBは不動産を所有していたが，AがBの実印を無断で使用してCにこの不動産を譲渡してしまい，登記も済ませた場合において，Aが死亡し，BがAを単独で相続した場合はどうでしょうか。

　最高裁は，相続人である本人Bが，被相続人Aの無権代理行為の追認を拒絶しても，「何ら信義に反するところはないから」，被相続人Aの無権代理行為は本人Bの相続によって当然に有効となるものではないと判示しました（最判昭和37年4月20日民集16巻4号955頁）。

　ただし，BはAの無権代理人としての地位も相続によって承継しており，第117条の責任は負わなければならないとも考えられます。しかし，そうなると，Bは契約についての追認は拒絶できるが，同時に無権代理人としての第117条の責任も負うので，Cが契約の履行を選択すると，Bは不動産を所有しているので履行できてしまうことになります。しかし，Bが履行責任まで負うことになると，わざわざ追認拒絶権を認めた意味がありません。そこで，Bは不動産

を引き渡す義務（履行義務）は免れるとの見解が有力です（他人物売買に関する最判昭和49年9月4日民集28巻6号1169頁参照）。もっとも，特定物の引渡債務ではなく，金銭の支払債務が問題となっている場合は，履行または損害賠償請求の責任を相手方の選択にしたがって負うと解されます（最判昭和48年7月3日民集27巻7号751頁）。この場合は，いずれにせよ金銭で支払うので，あえて履行責任を否定する必要はないともいえます。

## 3　本人と無権代理人の双方を相続した場合

例えば，妻Bが夫Aを無権代理してA所有の土地をCに売却して死亡したので，AB間の子Dは無権代理人BをAとともに共同相続した場合において，その後本人Aも（追認も追認拒絶もしないまま）死亡したため，Dは本人Aも相続したとします。

最高裁は，Dが最初に無権代理人Bを相続していたことを捉えて，無権代理人が本人を相続した場合と同様に扱います（最判昭和63年3月1日判時1312号92頁）。しかし，①D自身は無権代理行為をしていないこと，また，②判例の理論だと，先にAが死亡し後にBが死亡した場合は本人が無権代理人を相続した場合と同視され，Dは本人の資格において追認拒絶できることになり，AとBのいずれが先に死亡するかという偶然の事情によって結果が左右されることになる等から，この場合は，むしろ，本人が無権代理人を相続した場合と同様に扱うべきとの批判もあります。

> **関連知識**
>
> **相続の対象**
>
> 　上述のように，相続人は，原則において，被相続人の財産に属した一切の権利義務を承継します（第896条本文）。土地の所有権など物権や，銀行預金などの債権はもちろん，借金などの債務も原則において引き継ぎます。さらに，契約上の地位なども引き継ぎますから，たとえば，父が土地を売った（売買契約をした）直後に死亡した場合，父の相続人である子は，父の売買契約における売主としての地位を承継します。したがって，売買の目的物である土地を買主に引き渡す義務や，買主に対して土地の代金を請求する権利も承継することになります。そして，この「無権代理と相続」の問題も，代理人の地位や本人の地位は代理権を授与する委任契約の当事者としての地位と不可分なので，契約上の地位の相続の問題といえます。

# 28 無効と取消しには，どのような種類があるのか

　民法には無効と取消しに関して，多くの規定があります。しかし，実は，それらの規定で用いられている無効や取消しの意味や内容は一様ではありません。そこで，以下では，無効と取消しの種類を整理した上で，無効と取消しの関係を確認します。

## 1 無効と取消しの種類

　無効と取消しについては，総則編の第5章法律行為の第4節に第119条から126条までに規定されています。法的に無効とは，社会実態はあっても法的には何ら効果を認めないという意味です。また，取り消すと「初めから無効」と扱われます（第121条）。さらに，無効は「誰からでも，手続なしに，いつでも，追認することができない」，取消しは「取消権者だけが，取消しの意思表示をしたときに，一定の期間内に，追認することができる」という違いがあります。取消しとは，第120条から，①行為能力の制限及び詐欺・強迫だけを理由とし，②取消しの対象は意思表示である，ことは明らかです。

　ところが，上記の意味と異なる取消しを規定する条文も多くあります。まず，第10条等は「審判の取消し」，第25条や32条は裁判所を主体とする取消しを定めます。ここでの取消しは，利用を申し立てられた制度を止めるという意味で用いられています（親族編にも多くあります）。次に，第115条の取消しは，本人の追認権の剥奪を意味しています（第1部を参照）。さらに，第424条の詐害行為取消権は，債務者の財産の回復（取戻し）を図る制度です。そして，婚姻（第743条以下），縁組（第803条以下）等の取消しは，身分関係の解消の意味で用いられています。いずれの取消しも，効果，取消権者，手続に関して，独自の意味を有しています。

## 2 無効と取消しの関係

　まず，無効が民法典で最初に出てくるのが第90条（公序良俗）です。また，強行法規違反の場合も無効と考えられており（第91条の反対解釈），これらは市民社会として許さないという私的自治の枠外からの評価です（「公益的無効」

167

第2部　セカンドステップ

とよばれる）。次に出てくるのは第93条から95条までの意思不存在を理由とする無効です。こちらは意思主義からの帰結です（第131条以下での仮装条件の無効という表現は確認に過ぎない）。

　取消しが最初に出てくるのが第5条と6条の未成年であり、第9条、13条、17条の成年後見においても本人保護のための取消しを定めます。また、無効の意思不存在である第93条以下に対応するのは第96条の詐欺・強迫です。取消しが認められるのは、意思形成につき能力が不十分あるいは形成過程に問題がある場合、と理解することができます。

　以上の無効・取消原因を並べてみると、①例外を認めず絶対的に無効（公序良俗等）、②原則は無効であるが、例外として有効となる場合を認める（心裡留保等）、③原則は有効であるが、例外として無効となる場合を認める（未成年・成年後見、詐欺・強迫）と整理することができます。

　取消しの効果が遡って「無効」ということからは、効果の点で無効と取消しを区別する実益はありません。③のように、本人保護のために特別に無効にすることを認める制度が取消しです。実は、歴史的には法律には無効しかありませんでした。しかし、弱い無効＝相対的な無効として「取消し」が独立して規定されたという経緯があります。したがって、現在において②を改めて相対的無効とよぶことについては慎重な意見もあります。

　この他に、全部無効に対して一部無効が想定される場面もあります。もっとも、これは無効や取消し自体の問題ではなく、対象としての意思表示や行為を「どの範囲」で1つのまとまりとして捉えるのか、という問題です。

## 3　無効と取消しの二重効について

　例えば、意思能力がない者が成年後見制度を利用していた場合は、意思がないことを理由とする無効と成年後見制度に基づく取消しが共に成立することになりそうです。しかし、その一方で、「無効なものを取り消せるのか？」という疑問も生じます。この疑問に対しては、民法は裁判における主張の根拠である（裁判規範という）、あるいは、無効も法的な取り扱い（評価）であると考えると、無効と取消しは選択的に使うことができそうです。その上で、自由に選択可能と考えるか、特別な規定である取消しを優先するか、と考えていくことになります。

## 29 無効と取消しの場合の原状回復の範囲は，どのように考えればよいか

　取消しも含めて，契約が無効となれば，もはや「法律上の原因」が失われるので，契約によって相手方に渡したものは返せと請求できます。このような場合の返還義務を不当利得の返還義務といいます（第703条・704条）。

### 1　第703条・704条

　まず，無効や取消しの原因を知らなかった善意者は「利益の存する限度」（現存利益）で返せばよい（第703条）とされます。したがって，善意者は，売買契約において受け取った代金を既に競馬で使ってしまっていて，利益が現時点で残っていなければ，その部分は返さなくてもよいことになります。しかし，その代金を生活費に使った場合や借金の返済に充てた場合は，本来自分で支払うべきものを払わなくて済んだと評価され（出費の節約），その分も返さなければなりません（大判昭和7年10月26日民集11巻1920頁）。これに対して，無効や取消しの原因を知っていた悪意者については，受け取った利益に利息を付して，場合によっては損害賠償もしなければなりません（第704条）。

### 2　第121条ただし書き

　上記1を原則としつつ，第121条ただし書きは，制限行為能力者が不当利得の返還を請求される場合は，たとえ悪意であっても，現存利益で返還すればよいと定めます。これは，制限行為能力者をより厚く保護しようとする趣旨です。制限行為能力者と取引をする相手方は，常にこうしたリスクがあることを念頭において行動しなければなりません（親権者の同意を得る等）。

### 3　第32条2項ただし書き

　失踪宣告の取消しに関する第32条2項では，受益者の善悪が区別されていないので，第121条ただし書きと同様，悪意者も現存利益の返還で足りると解する余地もあります。しかし，学説は，失踪宣告における悪意の受益者は保護に値しないとして，現存利益の返還で足りるのは善意者に限られると解します。したがって，第32条2項は，第703条・704条の趣旨そのままです。

第2部　セカンドステップ

## 30　条件によって利益を受ける者が故意によって条件を成就させたときは，どう扱うのか

　条件成就によって利益を受ける当事者が，故意に条件を成就させた場合，条件付法律行為の効力はどのように扱われるのでしょうか。例えば，「試験に合格すれば，パソコンをプレゼントする」という停止条件付贈与契約が締結されていたところ，受贈者がカンニングや試験問題の窃取等，不当な方法を用いて試験に合格したような場合です。
　このような場合，条件付法律行為の効力の発生を認めるべきではないとする価値判断に異論はないでしょう。問題は，その法律構成であり，アプローチは主として2つあります。
　第1は，条件付法律行為の当事者の合理的意思を問題とする方法です。通常，条件付法律行為の当事者は，条件事実は正当な過程および手段によって招来されることを前提としています。したがって，条件成就により利益を受ける当事者が，不当な方法により条件を成就させたとしても，約定の条件成就があったとは認められず，条件付法律行為の効力の発生が否定されると考えます。
　第2は，第130条を類推適用する方法です。第130条により，条件成就により不利益を受ける当事者が故意に条件成就を妨げた場合，相手方は，条件が成就したものとみなすことができます。第130条の趣旨は，主として①行為者への制裁，②相手方の保護，③当事者の意思の忖度にあるとされています。この趣旨は，条件成就によって利益を受ける当事者が故意に条件を成就させた場合にも妥当すると考えれば，相手方は，同条の類推適用による保護を受けることができます。
　最高裁は，「条件の成就によって利益を受ける当事者である上告人が故意に条件を成就させたものというべきであるから，民法130条の類推適用により，被上告人らは，本件和解条項第2項の条件が成就していないものとみなすことができると解するのが相当である。」と判示しました（最判平成6年5月31日民集48巻4号1029頁）。したがって，この判決では，第2の方法による解決を採用したことになります。

## 31 「借りたお金は出世したときに払います」は，停止条件か，不確定期限か

　条件と期限は，その事実の発生が確実か不確実かによって区別されます。この区別は，理論上は明確であるものの，実際上，その区別が容易でない場合があります。例えば，「出世したときに弁済する」という，いわゆる出世払い特約がその例です（「上京した際に弁済する」という特約も同様）。

　出世払い特約を，出世したときには返済を要するが，出世しなければ返済を要しない趣旨と捉えれば，当事者は，返済債務の発生を「出世」という将来発生することが不確実な事実にかからせたことになり，条件（停止条件）を定めたことになります。停止条件付法律行為において条件成就が不成就に確定した場合，法律行為は無効となるから，債務者が「出世しない」ことに確定したときには，債務も無効となります。つまり，債務者は債務の弁済を免れます。

　しかし，出世払い特約の当事者は，債務が無効となることまでは意図せずに，むしろ，債務の弁済が行われることは当然の前提として，出世するまでこれを猶予すると考えている場合もあります（むしろその方が多いであろう）。この場合の「出世したときに弁済する」とは，「出世したとき」に加え，「出世が不可能になったとき」にも弁済を行う趣旨と解され，この場合は，将来発生することが確実な事実に債務の履行をかからせたことになります。したがって，この付款は期限であり，事実の発生時期が確定しないため不確定期限と解されることになります。換言すると，出世払い特約は，出世するかどうかが確定するまで債務の返済を猶予する特約であると捉え，仮に出世しないという状況が生じたとしても，債務者の免責を認めないと考えるわけです。

　判例も，「立身（出世）のうえ支払う（大判明治43年10月31日民録16輯739頁）」，「上京の節に支払う（大判明治32年2月9日民録5輯2巻24頁）」旨の特約について，いずれも不確定期限を定めたものとしています。ただし，出世払い特約が条件か期限かは，結局，当事者の意思解釈の問題に帰着するとし，この問題を条件と期限に関する一般論として論じることに疑問を抱く見解もあります。

第2部　セカンドステップ

## 32 時効制度の存在理由，時効とはどのような制度と考えればよいのか

### 1　時効の存在理由

　民法は，取得時効と消滅時効を1つの「時効」という制度にまとめて定めています。両者は，その制度の沿革等の点で異なるものですが，学説は，これまで，その存在理由を統一的に説明しようとしてきました。そこで挙げられる理由は，おおよそ次の3つのこと（①長期間継続した事実状態の尊重，②真実の権利関係の立証困難，③権利の上に眠る者は保護に値しないという考え）に集約されます。なお，現在では，個々の時効制度ごとに多元的にその存在理由を考えていくべきとの理解が一般的となっています。

### 2　時効制度の法的構成——実体法説と訴訟法説

　時効を法制度としてどう理解するかについて，学説は対立しています。

　まず，実体法説は，時効を権利（義務）の発生・消滅という実体法上の制度（民法上の権利の得喪原因を定めた制度）と理解する見解です。存在理由との関係では，冒頭の①③と結びつきやすく，判例・通説の立場といわれています。

　これに対し，訴訟法説は，時効を訴訟法上の制度と位置づけ，それを時効期間の経過による権利（義務）の発生・消滅に関する訴訟上の法定証拠（または，法律上の推定）と理解する見解です。存在理由との関係では，冒頭の②と結びつきやすいといわれています。

### 3　時効の効果と援用——効果発生との関係での援用の位置づけ

　時効制度の法的構成は，時効の援用について定める第145条の理解にも深く関係します。学説は，次のように多岐に分かれています。

#### (1)　実体法説

　まず，時効完成によって確定的にその効果が生じるとする一方で，第145条で裁判における時効の援用が定められているのは「訴訟における攻撃防御方法」のためにすぎないとする見解があります（確定効果説－攻撃防御方法説）。その一方で，通説といわれているのは，不確定効果説－停止条件説（時効完成だけではその効果は生ぜず，時効援用という停止条件が成就してようやく確定的に

その効果が生じる（＝時効の援用まで効果発生が停止）とする見解）です。この他にも、要件説（援用を効果発生のための要件と解す）や解除条件説があります。

(2) 訴訟法説

訴訟法説では、時効完成の効果は「権利（義務）の発生・消滅に関する法定証拠の成立」ですから、第145条の援用は、成立した法定証拠の提出に他ならないものとして理解されます（法定証拠説）。あるいは、訴訟法説の中でも時効完成の効果を「法律上の推定」と考える場合には、援用は、裁判でそのような「法律上の推定」が働くかどうかに関わるものと理解されます。

(3) 判例の動向とその評価

従来からの判例につき、学説は、確定効果説（攻撃防御方法説）を前提とすると評価していました。しかし、最高裁が、農地の買主が農地の売主に対して有する県知事に対する許可申請協力請求権の消滅時効につき、「……時効による債権消滅の効果は、時効期間の経過とともに確定的に生ずるものではなく、時効が援用されたときに初めて確定的に生ずるものと解するのが相当」と判示しました（最判昭和61年3月17日民集40巻2号420頁）。この判決が不確定効果説－停止条件説の立場を採用したともいえることから、学説では議論が起こっています（なお、学説には、この判決の一般化に慎重なものもある）。その一方で、最高裁は、その後も「取得時効と登記」に関して従来からの判例法理（確定効果説を前提とする）を維持する立場を明示しています（最判平成18年1月17日民集60巻1号27頁）。

## 4 援用の相対効と時効の遡及効

時効の効果に関しては、さらに、次の2点に注意が必要です。

第1に、「援用の相対効」です。第145条に関しては、「時効の利益を享受するかどうかを各人の良心に委ねたもの」といわれています。時効をどのような制度と考えるかは、この援用の相対効も考慮する必要があります。

第2に、第144条の「遡及効」です。確定効果説では「時効完成時」から、不確定効果説では「援用時」から遡ることになります。不確定効果説では、「時効完成」という事実は、効果発生の点では特別な意味を持たなくなります。

第2部　セカンドステップ

## 33 時効を援用することができる「当事者」とは、どのような者を指すのか

　第145条は、「当事者」による時効の援用を予定しています。判例は、従前より、第145条の「当事者」を「時効に因り直接に利益を受くべき者」と解しています（大判明治43年1月25日民録16輯22頁ほか多数）。所有権の取得時効を完成させたその占有者、あるいは、債権の消滅時効におけるその債務者が、時効により直接利益を受ける者として当事者にあたることは問題ありません。では、それ以外の者は「当事者」にあたることはないのでしょうか。

### 1　債権の消滅時効と援用権者の範囲
(1)　保証人・連帯保証人

　消滅時効の完成している債権（主たる債務）につき、保証人・連帯保証人が、その援用権者に含まれるかに関しては、判例は、古くから、それを肯定しています（学説に同じ）。というのも、保証債務は主たる債務の存在を前提とし、主たる債務が消滅すれば保証債務も消滅するので（保証債務の付従性）、保証人は、主たる債務の消滅時効を援用することにより、直接にその債務を免れることができると考えられるからです（大判大正4年7月13日民録21輯1387頁等）。

(2)　物上保証人・担保目的物の第三取得者

　古く、判例は、「時効に因り直接に利益を受くべき者」との基準を提示する一方で、抵当権設定者、抵当不動産の第三取得者については、それらの者の受ける利益（抵当権が消滅する結果、その所有権が安固となる利益）が間接的なものであるにすぎないとして、その被担保債権の消滅時効を援用しうる当事者ではないと判示していました（前掲・大判明治43年参照）。このようなかつての判例に対しては、「直接に」という語の範囲が不明瞭である、あるいは判例の立場では援用権者の範囲が狭きにすぎ、援用制度の趣旨に適さないのではないかといった疑問が学説によって提示されました。

　そのような状況下で、まず、最高裁は、時効により直接利益を受ける者との判断基準は維持しつつも、他人の債務のために自己の所有物を譲渡担保に供した者が当該債務の消滅時効を援用することができるかが問われた事案につき、

①質権設定者・抵当権設定者といった物上保証人が被担保債権の消滅時効によって直接利益を受ける者であり，第145条の当事者にあたると判示した上で（前掲・大判明治43年の判例変更），②他人の債務のために自己所有不動産を担保に供した者も，被担保債権の消滅によって利益を受ける点では，物上保証人と何ら異ならないことを理由に，同じく第145条の当事者として被担保債権の消滅時効を援用しうると判示するに至りました（最判昭和42年10月27日民集21巻8号2110頁）。さらに，③抵当不動産の第三者取得者についても，最高裁は，抵当債権の消滅により直接利益を受ける者と解するに至り，前掲・大判明治43年は，この点でも変更されています（最判昭和48年12月14日民集27巻11号1586頁）。

### (3) 判例の展開と分析

判例は，前述のように，第145条の「当事者」の判断基準についてはそれを維持しつつも，個別・具体的な判断にあたっては，ある意味全く正反対の判断を下しています。このことから，学説では，上記判例の判断基準が事実上機能していないとの批判がなされています。その一方で，最高裁は，依然として，「直接の利益」基準を放棄してはおらず，かつての学説の批判を受け入れるかのように，時効援用権者の範囲を拡張する動きをみせています（例えば，最判平成2年6月5日民集44巻4号599頁（売買予約の仮登記のなされた不動産につき，それに後れた抵当権者の予約完結権の消滅時効の援用を認めた事例）。この他にも，最判平成4年3月19日民集46巻3号222頁，最判平成10年6月22日民集52巻4号1195頁，最判平成11年2月26日判時1671号67頁等で援用権者の範囲を拡張する判断が下されている）。

なお，このような拡張の動きがある一方で，依然として，援用権者にあたらないと判示される者も存在します（一般債権者は債務者に対する他の債権者の消滅時効の援用権者とはならない（大判大正8年7月4日民録25輯1215頁。ただし，債権者代位権による代位行使には注意（最判昭和43年9月26日民集22巻9号2002頁））。後順位抵当権者は先順位抵当権の被担保債権について消滅時効の援用は認められない（最判平成11年10月21日民集53巻7号1190頁））。

## 2 取得時効と援用権者の範囲

ある土地に取得時効を完成させた者から，地上権（第265条）または抵当権（第369条）の設定を受けた者，あるいは時効完成者とその土地について賃貸借契約（第601条）を締結した者は，独自に時効完成の利益を有するかどうかが問題となります。しかし，取得時効の援用権者の範囲については，判決も分かれており，学説上もあまり議論はされていません。

### (1) 物権の設定を受けた者の援用の可否

まず，学説は，かつては否定説が多かったようですが，近時では，それらの者が援用権者に含まれると解するものが多数となっています。

次に，判例の動向は，肯定的判断を下す裁判例として挙げられる大判昭和10年12月24日民集14巻2096頁がある一方で，地上権・抵当権等の物権の設定を受けた者を間接に利益を受けるに止まるとする下級審裁判例（東京高判昭和47年2月28日判時662号47頁）もあり（ただし，いずれも傍論），その態度は必ずしも明らかではありません。

### (2) 賃借権者の援用の可否

土地の賃借権者が，第145条の当事者にあたるかどうかについても，学説上争いがあり，前述の物権者と同様，肯定説が有力となっています。

判例の動向も，土地の賃借権者については最高裁の判断はないようであり，下級審の判断は分かれています（間接的な利益を受けるにすぎないとする前掲・東京高判昭和47年がある一方で，土地の賃借権者が第145条の当事者であることを肯定する東京地判平成元年6月30日判時1343号49頁，東京高判平成21年5月14日判タ1305号161頁がある（ただし，肯定の理由付けは細部で異なる））。なお，時効取得の対象となっている土地上の「建物の賃借人」が，その「土地の時効取得」を援用することができるかに関しては，最判昭和44年7月15日民集23巻8号1520頁が否定しています（学説は，この問題についても，肯・否定に分かれる）。

## 34 時効の利益の放棄とは，どんな場合に認められ，どのように考えればよいか

　第146条は，時効の利益のあらかじめの放棄を禁じているにすぎず，同条の反対解釈から，時効完成後の放棄は可能であると考えられています。ところで，現実の問題として，時効利益のあることを知ってなされた時効利益の放棄の取り扱いは，特に問題とはなりません。問題となるのは，債権の消滅時効に関して，債務者がその時効完成を知らずに当該債務の存在を前提とした行為（自認行為という）をした場合の取り扱いです。

　以下では，債務者による自認行為の取り扱いに関する議論の概略を確認します。

### 1　時効完成前の債務者の自認行為

　債務者が，当該債務の存在を前提とした一定の行為（自認行為）を行ったとしても，第146条の文言との関係上，時効利益の放棄として認められることはありません。しかし，そのような債務者の自認行為が，時効中断事由である「承認」（第147条3号）としての意味を持つことまでは，否定されません。その結果，債務者による「承認」があったものとして，時効中断の効力が生じるため，既に経過した時効期間が意味を失います。

### 2　時効完成後の債務者の自認行為

(1)　判例の動向

　最高裁は，まず，一般論として，時効利益の放棄が意思表示であることを前提に，放棄は，意思表示をする者が時効完成の事実を知ってなさなければならないと判示してきました（最判昭和35年6月23日民集14巻8号1498頁等）。そして，かつての判例は，債権の消滅時効につき，債務者がその時効完成後に弁済・債務の承認にあたる行為をした場合には，時効完成の事実を知ってなしたものと推定するとしました。その結果，かつての判例によると，時効完成後に自認行為をした債務者は，その反証（つまり，時効完成の事実を知らなかったことに関する主張・立証）に成功しない限り，有効に時効利益を放棄したものと取り扱われていました。

第2部　セカンドステップ

しかし、このような従来の判例に対して、学説は「時効完成の事実を債務者が知らないからこそ自認行為を行った」等と強く批判しました。その後、最高裁は、従来の判例を変更して、「債務者は、消滅時効が完成したのちに債務の承認をする場合には、その時効完成の事実を知っているのはむしろ異例で、知らないのが通常である……消滅時効完成後に当該債務の承認をした事実から右承認は時効が完成したことを知つてされたものであると推定することは許されない」と判示しました（最判昭和41年4月20日民集20巻4号702頁）。

その上で、この最判昭和41年は、債務者がその時効完成後債権者に対し債務の承認をした以上は、時効完成の知・不知にかかわらず、事後その債務について完成した消滅時効を援用することは、信義則に照らし許されないと判示しました。このような判例の立場については、結論を変えることなく、理論構成を変更したといわれています（「推定構成」から「援用権喪失構成」へ。なお、この最判昭和41年が、信義則との関係で、債務者がもはやその時効を援用しないであろうとの相手方の期待を考慮していることにも注意が必要です）。

(2)　学説の動向

学説は、結論の点では判例の立場と同様ですが、その結論を導く理論構成について種々の主張をなしてきました（なお、「放棄」についても、「援用」と同様に時効制度をどう理解するかとの関係で種々の考え方がある。放棄の効果は、援用と同じく、相対的と解されている）。また、前掲の最判昭和41年によって、判例が時効援用権の「喪失」という構成を採用したことに伴い、「喪失」と「放棄」との関係を考える必要も出てきます。

なお、判例・学説は、結論の方向性としては、その時効完成後、自認行為をした債務者による時効援用を認めないということでほぼ一致しているといえますが、種々の問題につき議論が収束しているわけではないことに注意が必要です（例えば、「喪失」構成とも関連して「放棄は意思表示か」といった問題、放棄・喪失後の時効の再進行は考えられるかといった問題（最判昭和45年5月21日民集24巻5号393頁は時効完成後の債務承認の事案で時効の再進行を認める）がある）。

# 35 取得時効をめぐる種々の問題

## 1 「他人の物」の「占有」

### (1) 自己物の取得時効

第162条は，条文上は「他人の物」という文言を用いますが，以前から問題があるのは，「自己の物」の取得時効です。

最高裁は，第162条所定の占有者に「所有権に基づいて占有した者をも包含するものと解するのを相当」と判示し，その理由について，取得時効の制度趣旨に言及した上で，「……所有権に基づいて不動産を永く占有する者であっても，その登記を経由していない等のために所有権取得の立証が困難であったり，または所有権の取得を第三者に対抗することができない等の場合において，取得時効による権利取得を主張できると解することが制度本来の趣旨に合致する」と判示しました（最判昭和42年7月21日民集21巻6号1643頁。なお，売買契約当事者間での取得時効の主張を認めた最判昭和44年12月18日民集23巻12号2467頁でも，この最判昭和42年が確認されている）。

学説でも，自己物の取得時効を認める見解が支配的ですが，どのような場合にそれを認めるか（例えば，二重譲渡類型では認めるべきでないとか，契約当事者間では認めるべきでないといった）については，見解が分かれています。また，近時でも，改めて，他人の物に限定して取得時効を認めるべきとする見解も現れています。

### (2) 「物」の範囲

ここでは，公物の取得時効についてのみ取りあげます（「物の一部」の取得時効という問題もある）。

公物の取得時効で具体的に問題となるのは，例えば，公物の中でも公共用物の1つである「海」に関してです。判例では，海は，特定人による排他的支配を許されず，そのままの状態では所有権の客体たる土地にあたらないとされていますが，例外的に，行政行為等により区画され，排他的支配が可能となり，その公用を廃止されたものについては，その所有権の客体性が認められ（最判昭和61年12月16日民集40巻7号1236頁），結果，その取得時効の可能性も肯

定されることになります（最判平成17年12月16日民集59巻10号2931頁。水路について，最判昭和51年12月24日民集30巻11号1104頁も参照）。

(3) 代理占有による取得時効の成否

取得時効の成立が問題となるのは，占有者自らが直接その物を占有する場合（自己占有（直接占有））が多いと考えられます。しかし，占有権は，（占有）代理人を通じて取得することができる（第181条）とされていることから，この代理人を通じて本人が取得する占有（代理占有（間接占有）。例えば，不動産の賃貸人が，その賃借人の占有を通じて取得）でも，第162条の要件を充足するかが問題となります。この点につき，最高裁は，代理占有の場合でも，取得時効の成立は認められるものと解しています（事案自体は特殊な面があるが，最判平成元年9月19日判時1328号38頁参照。通説に同じ）。

## 2 占有の継続

(1) 一定期間の占有の継続

第162条は，「占有開始時」に占有者が「善意・無過失」であるかどうかで，占有継続の期間を区別します。ここで，注意が必要なのは，「善意・無過失」と「占有継続」の立証責任についてです。

まず，占有権に関する第186条は，第1項で，占有者の「善意」を推定します。また，同条2項は，「前後の両時点において占有をした証拠があるときは，占有は，その間継続したものと推定する」と定めます。したがって，時効取得を主張する者は，占有開始時の「善意」について立証する必要はなく，10年，20年という占有継続の立証についても，過去のある時点で占有を取得し，争いとなっている現時点で占有をしていることを証明すれば，その間，占有が継続したものとの推定が働き，それで足りることとなります。

その一方で，「無過失」については，それを推定する規定が存在しません。したがって，取得時効を主張する者が，無過失の立証責任を負います。

なお，第162条の両時効の関係について，長期・短期いずれの時効もその完成が認められるという状況下で，そのいずれを主張するかの選択は，取得時効を主張する者の判断に委ねられると解されています（大判昭和15年11月20日新聞4646号10頁）。

(2) 「所有の意思」をもってする「平穏」「公然」な占有の継続

　前述した第186条1項は，占有者の「所有の意思」，「平穏」「公然」な占有についても，それらを推定すると定めます。したがって，取得時効を主張しようとする占有者は，その主張にあたり，これらを立証する必要はありません（占有の事実の主張・立証で足りる。ただし，「所有の意思」の推定については，他主占有者の相続人の占有との関係で，最判平成8年11月12日民集50巻10号2591頁に注意。詳細は物権法で学ぶ）。このように，第162条は，自主占有を要求することから，占有者が，「所有の意思のない占有（他主占有）」をいくら長期間継続しても，その物の所有権を時効取得することはありません（例えば，賃貸借契約に基づいて賃貸人の所有物を占有する賃借人は，そのままの状態では，賃借物の所有権を時効取得することはない）。

(3) 現在の占有者に前の占有者がいる場合（占有承継）の取り扱い

　占有の承継については，占有権に関する第187条に規定があり，ここでは，取得時効に関連する範囲で，基本的な事柄のみ確認します。

　同条1項によると，「占有者の承継人は，その選択に従い，自己の占有のみを主張し，又は自己の占有に前の占有者の占有を併せて主張すること」ができます。つまり，前の占有者をA，そのAから占有を譲り受けた承継人をBとすると，Bは，自己の占有のみの主張も，あるいは自己の占有にAの占有を併せて主張することも，どちらも可能です（その選択は，Bに委ねられている）。ここで，第187条が，取得時効との関係で問題となるのは，Bの占有期間だけでは時効完成に必要な占有継続の期間が足りない場合です（このような場合，Bは，自己の占有に併せてAの占有を主張することが考えられる）。なお，前の占有者の占有を併せて主張する場合には，第2項に定めがあり，それによると，その瑕疵も承継することになります。これに関連して，第162条2項の10年の取得時効を主張する場合には，誰を基準に，「善意・無過失」を判断するのかが問題となります（例えば，Bが悪意で，Aが善意・無過失というようなときに，BがAの占有を併せて主張することにより，占有開始時の善意・無過失で，10年の取得時効の主張が許されるか等が問題となる（判例は肯定。最判昭和53年3月6日民集32巻2号135頁）。これらの詳細については，物権法で学ぶ）。

# 36 消滅時効類似の制度
―― 権利失効の原則と除斥期間

## 1 権利失効の原則

　権利失効の原則とは，「一定期間権利が行使されないことにより，権利の相手方がもはや権利の行使がないという期待（信頼）を抱くに至った場合に，権利者によるそのような期待（信頼）を裏切るような権利行使は信義則に反して許されない」とする法理です。消滅時効と異なり，この原則では，権利自体の消滅が問題となるのではなく，その権利の存在を前提としつつ，その行使が阻止されるに過ぎないことになります。

　最高裁は，一般論としては，この法理がわが国でも承認されることを肯定するようですが（最判昭和30年11月22日民集9巻12号1781頁），実際に，この法理を用いて，権利行使が阻止された事例は，最高裁ではないといわれています。

　学説では，権利失効の原則を認めるか否かについて，肯・否定の両説が存在し，近時では，否定説が有力となりつつあります（というのも，前述した権利失効の原則の説明からも読みとられるように，同原則は，信義則の一発現形態といえるところがあり，あえて，信義則とは別に，権利失効の原則として承認する必要がないともいえるからである）。

## 2 除斥期間

　除斥期間とは，「一定の期間内に権利の行使をしないとその権利は期間の経過によって当然に消滅する」という制度です。わが国の民法では，「除斥期間」との文言は用いられていませんが，判例・学説とも，同制度がわが国の民法の中にも存在することを認めています（例えば，最高裁は，不法行為による損害賠償請求権の期間制限について定める第724条のうち，前段の定める3年の期間制限は短期消滅時効と解しているが，後段の20年は除斥期間と解する（最判平成元年12月21日民集43巻12号2209頁等）。なお，一般的には，1つの条文の中で，期間制限について短期と長期の期間が定められているときは，長期の方は除斥期間を定めたものと解される傾向にあります（第724条の他，例えば，取消権の期間制限

に関する第126条，詐害行為取消権についての第426条等。この他，売主の瑕疵担保責任に関する第570条が準用する第566条3項の期間制限等も除斥期間と解されている）。

　ところで，除斥期間では，前述の説明からも分かるように，一定期間の経過によって，「当然に」，当該権利は消滅することになります。したがって，（消滅）時効では，第145条が定める「時効の援用」が，その権利の消滅との関係で問題となりますが，除斥期間では，「援用」というもの自体問題となりません（「当然消滅」だから。また，時効の利益を享受することに向けられる「援用」が問題とならないということは，他方で，時効では問題となる「時効利益の放棄」ということも問題とならない）。さらに，時効では，これまで進行してきた時効期間を法的に無意味にする「中断」という制度が設けられていますが，除斥期間にはそのような制度もありません。したがって，除斥期間では，時効における「中断」のようなものも考えられません。

　以上のことから，消滅時効と除斥期間では，次のような相違点が認められます。

① 除斥期間には，消滅時効と異なり，「援用」「利益の放棄」「中断」等がない。

② 時効における「援用」との関係で，除斥期間では，消滅時効と異なり，援用権の行使なるものが考えられないことから，一定期間の経過による権利消滅の主張が「権利濫用」や「信義則違反」（第1条）となることもない（前掲・最判平成元年。これに対し，消滅時効ではそれらによる援用権の行使が制限されることもある（最判昭和51年5月25日民集30巻4号554頁等））。

　なお，除斥期間を上記のように解する場合には，「いかなる事情があっても」，法の定める一定期間が経過してしまえば，当該権利は当然に消滅することになります。しかし，最高裁は，問題となっている事例の具体的状況に照らし，除斥期間の経過による権利の消滅を認めること（具体的には第724条後段）が，「著しく正義・公平の理念に反する」といえる場合には，時効の停止について定める「第158条の法意に照らし」，その効果を生じないと判示するものがあることに注意が必要です（最判平成10年6月12日民集52巻4号1087頁）。

183

第２部　セカンドステップ

## 37 特に債権の消滅時効の起算点につき，どのように考えればよいか

　第166条は，一般的に，消滅時効の起算点を権利行使可能時と定めています。しかし，具体的に，個々の権利がいつ権利行使可能であるのかは必ずしも明らかではありません。というのも，同条の定める権利行使可能時とは，個々の権利者にとって「事実上」権利行使が可能であることを意味するのか，「法的に理論上」権利行使可能であることを意味するのかがその文言だけでは明らかとならないからです。

### 1　判例の動向

　判例は，以前から，第166条の権利行使可能の意義を「法律上の障害のないこと」と解してきました（大判昭和12年9月17日民集16巻1435頁，最判昭和49年12月20日民集28巻10号2072頁等）。したがって，同条の定める権利行使可能時とは，「権利を行使することに対する法律上の障害がなくなった時」を意味し，権利者の個々の事情により事実上権利行使が可能であるかどうかは時効の進行に影響のないものと解されてきました。

　その一方で，最高裁は，供託金取戻請求権の消滅時効の起算点につき，同請求権についての権利行使可能とは，「単にその権利の行使につき法律上の障害がないというだけではなく，さらに権利の性質上，その権利行使が現実に期待のできるものであることをも必要と解するのが相当」と判示しました（最（大）判昭和45年7月15日民集24巻7号771頁）。近時の裁判例においても，同様の判断を下すものが複数見受けられ（例えば，最判平成8年3月5日民集50巻3号383頁，最判平成15年12月11日民集57巻11号2196頁等），前述した従来からの判例の解釈と前掲の最判昭和45年のような近時の判断との関係をいかに理解すべきかについては，学説でもその評価が分かれています（なお，法律上の障害のないことを基本とし，具体的事案ごとに権利行使の現実的な期待可能性を考慮に入れた判断をするという評価がなされている）。

### 2　学説の動向

　これまでの通説は，従来からの判例と同じく，第166条の権利行使可能の意

義を「法律上の障害のないこと」と解してきました（法的可能性説）。この説は，権利行使が法的に可能となれば，理論上，その権利者はいつでも権利行使が可能であるはずであり，そうであるにもかかわらず，権利行使をしない以上は，「権利の上に眠る者」と評価されても仕方がないということ，また，権利者の個別事情に応じてその権利行使の現実的期待可能性を起算点について考慮すると，そうした場合，個々の事例ごとに，時効の起算点が変わってくる可能性を否定できず，法的安定性が害されるといったことをその論拠とします。

もっとも，学説には，法律上の障害がないことだけでは足りず，その権利者にとって「権利を行使することを期待ないし要求することができる時期」を第166条の権利行使可能時と解すべきとする見解も存在します（現実的期待可能性説；近時，支持者を増やしつつある）。この説は，消滅時効によって権利を失う者（主に債権者）の保護にも留意しつつ，権利者にとっての現実的な権利行使可能性を考慮して時効の起算点を考えるべきと主張します（例えば，消滅時効の対象となる権利自体の発生が裁判所で明らかとなることも少なくないことに照らし，上記のように説く。ただし，細部で見解は分かれている）。

## 3 消滅時効の具体的な起算点

消滅時効の起算点は，具体的には，各種の債権について問題とされています。以下では，それらのうち基礎的なものを中心に議論の状況を確認します。

### (1) 期限付・停止条件付債権

期限付きの債権については，その期限が到来した時から法律上権利行使可能となり，したがって，期限到来時から時効が進行します（不確定期限の場合であっても，その知・不知は問題とならない。第412条2項は債務不履行の規定）。次に，停止条件付債権については，条件成就によってその効力を生じ，法律上権利行使可能と考えられることから，条件成就の時から時効が進行すると解されています。

### (2) 期限の定めのない債権

期限の定めのない債権については，債権者は，原則，いつでもその履行を請求することができます。したがって，原則的に，債権発生時から時効が進行すると解されています。なお，これに対する例外としては，返済期限を定めな

かった消費貸借上の債権（第591条1項との関係に注意）や請求または解約申入れから一定期間経過後に行使できる債権（当該期間の経過後に権利行使が可能となる）に注意が必要です。

(3) 期限の利益喪失条項付債権

当事者間の合意により，一定の事由が生じた場合に期限の利益を喪失させる条項の付いた債権についても，その消滅時効の起算点が問題となります。ここで，注意を要するのは，そのような期限の利益喪失条項がどのような趣旨のものであるのかということです。つまり，当該条項が，一定の事由が生ずれば直ちに権利行使可能になるという当然喪失条項である場合には，当該一定の事由の発生した時から時効は進行すると解されています。その一方で，当該条項が，一定の事由が生ずれば，債権者からの請求によって期限の利益を失うというような請求喪失条項の場合については，見解が分かれています（最高裁は，請求時を起算点と解し（最判昭和42年6月23日民集21巻6号1492頁），学説の多数は，当該事由の発生した時から時効が進行すると解す）。

上記(1)から(3)の他にも，判例・学説では，種々の債権の消滅時効の起算点が問題となっています。ただし，問題となっている債権は，民法総則ではなく，債権法の領域で学ぶものが多いです。したがって，それらについて学んだ上で，改めてその消滅時効の起算点を考えてみて下さい。

> **関連知識**
>
> **民法（債権関係）の改正と時効**
>
> 第1部の短期消滅時効でも少し触れましたが，近いうちに民法（債権関係）の改正において，時効（特に消滅時効）もその内容の変更が予定されています。前述した短期消滅時効制度の取り扱いのほか，時効の中断や停止についても，用語の変更等種々の改正が行われそうです（「中断・停止」から「更新・完成猶予」といった枠組みへ）。時効の中断に関連するいくつかの判例法理は，明文化する方向での検討が進められています（例えば，催告を繰り返しても時効中断の効力が継続しない旨判示した大判大正8年6月30日民録25輯1200頁等の明文化やいわゆる「裁判上の催告」についての最判昭和45年9月10日民集24巻10号1389頁（破産の申立てが取り下げられた場合の取り扱いにつき，催告としての効力を認める）等の明文化など）。このように，これから時効を学んでいくにあたっては，現行法がどうなっているかだけでなく，それが今後どう変わるかということにも留意してください。

## 事項索引

### 【あ行】

- 悪　意 … 91
- 意思主義 … 3, 39, 95, 130
- 意思能力 … 12
- 一物一権主義 … 30
- 一部無効 … 38, 168
- 一般条項 … 7, 37, 95, 146
- 一般法人法 … 25, 109, 113, 117

### 【か行】

- 会　社 … 108, 113, 115
- 解釈規定 … 31
- 解　除 … 90
- 解除条件 … 62, 100, 173
- 拡張解釈 … 93
- 過　失 … 91
- 果　実 … 32
- 果実収取権 … 33
- 過失責任の原則 … 7, 96
- 仮登記 … 64, 136, 143
- 慣　習 … 70
- 慣習法 … 5, 39
- 観念の通知 … 35, 78
- 元　物 … 32
- 期　間 … 69
- 期　限 … 61, 66, 171, 185
- 境　界 … 126
- 強行規定 … 36, 39
- 強　迫 … 44
- 虚偽表示 … 41
- 居　所 … 20
- 組　合 … 111
- 形成権 … 59, 64
- 契約自由の原則 … 7, 95
- 現存利益 … 59

- 顕　名 … 47, 145
- 権利外観法理 … 42, 53, 155
- 権利失効の原則 … 182
- 権利能力 … 11, 25, 114
- ——の平等 … 39, 96
- 権利能力なき社団 … 112
- 権利保護資格要件 … 143
- 権利濫用 … 8, 97
- 故　意 … 91
- 行為能力 … 12, 56
- 公益法人 … 27, 110, 116
- 効果意思 … 130
- 後　見 … 13, 14
- 後見監督人 … 19
- 公　示 … 27
- 公序良俗 … 37
- 公信力 … 42, 138, 142
- 構成部分 … 32
- 合同行為 … 35, 111
- 効力規定 … 36
- 効力要件 … 27, 62
- 告　知 … 90

### 【さ行】

- 催　告 … 19, 35, 76
- 催告権 … 55
- 財団法人 … 110
- 詐　欺 … 44
- 錯　誤 … 42
- 始　期 … 66
- 時　効 … 73
- ——の援用 … 74, 172, 178, 183
- ——の中断 … 75
- ——の停止 … 78
- 自己契約 … 51
- 自己決定 … 3, 95

187

# 索　引

| | |
|---|---|
| 事実たる慣習 | 39 |
| 自主占有 | 79, 181 |
| 失踪宣告 | 20, 106, 169 |
| 私的自治 | 3, 25, 39, 45, 47, 60, 95, 130, 152 |
| 社　員 | 25, 119 |
| 社　団 | 112 |
| 終　期 | 66 |
| 住　所 | 20 |
| 従　物 | 31, 128 |
| 縮小解釈 | 93 |
| 取得時効 | 79, 179 |
| 主　物 | 31, 128 |
| 準法律行為 | 35 |
| 準　用 | 50 |
| 承継人 | 59, 75, 77 |
| 条　件 | 61, 62, 170 |
| 条件付権利 | 63, 64 |
| 消滅時効 | 81 |
| 使用利益 | 32 |
| 除斥期間 | 182 |
| 処　分 | 31 |
| 所有権絶対の原則 | 7, 83, 95 |
| 信　託 | 110 |
| 審　判 | 13, 21 |
| 心裡留保 | 40, 146 |
| 推定する | 91 |
| 成年擬制 | 12 |
| 成年後見制度 | 14, 102 |
| 成立要件 | 62 |
| 絶対的無効 | 38, 58, 168 |
| 善　意 | 22, 90 |
| 全部無効 | 38, 168 |
| 相　続 | 12, 101, 164 |
| 相続人 | 12 |
| 双方行為 | 35 |
| 双方代理 | 51 |

## 【た行】

| | |
|---|---|
| 対　抗 | 92, 142 |
| 胎　児 | 99 |

| | |
|---|---|
| 代襲相続 | 22 |
| 代理権濫用 | 144 |
| 代理占有 | 180 |
| 代理人 | 47 |
| 他主占有 | 181 |
| 脱法行為 | 37 |
| 単独行為 | 35 |
| 中　断 | 183 |
| 追　認 | 19, 54, 58, 59, 60, 164 |
| 定　款 | 27, 109, 115 |
| 停止条件 | 62, 99, 170, 172, 185 |
| 定着物 | 30, 127 |
| 抵当権 | 129, 135, 149, 175 |
| 撤　回 | 46, 90 |
| 典型契約 | 4 |
| 天然果実 | 32 |
| 登　記 | 27, 42, 105, 112, 138, 142 |
| 動　機 | 43, 130, 139 |
| 動　産 | 30, 125 |
| 同時死亡の推定 | 22 |
| 特別失踪 | 21 |
| 特別法 | 5, 25, 30, 36, 39, 40 |
| 取消し | 58, 90, 167 |
| 取締法規 | 36, 39 |

## 【な行】

| | |
|---|---|
| 任意規定 | 38 |
| 任意後見監督人 | 14, 104 |
| 任意後見制度 | 104 |
| 任意代理 | 47, 145 |
| 認定死亡 | 23 |

## 【は行】

| | |
|---|---|
| 反対解釈 | 5, 94 |
| 判例法 | 5, 39 |
| 被相続人 | 12 |
| 表見代理 | 46, 52, 146, 162 |
| 表見法理 | 42 |
| 附　款 | 62 |
| 復代理 | 50 |

索　引

不在者……………………………………20
普通失踪……………………………………21
不動産………………………………29, 125, 126
不当利得………………………………59, 116, 169
文理解釈………………………………………5, 93
法　人………………………………25, 108, 114
法人法定主義…………………………………26, 112
法定果実……………………………………32
法定債権………………………………………4
法定代理……………………………47, 155, 158
法定代理人……………………………………13, 146
法定追認……………………………………61
法律行為………………………………………3, 35
保　佐……………………………………14, 15
補　助……………………………………14, 17

【ま行】

みなす………………………………………91

無記名債権……………………………………30
無権代理………………………………46, 54, 162
無権利の法理………………………41, 45, 59, 133, 142
無　効………………………………40, 57, 90, 167
無体物………………………………………29, 122
目的論的解釈…………………………………93

【や行】

有　効………………………………………40
有体物………………………………………29, 122
要　件………………………………………7

【ら行】

理　事……………………………………25, 117
類推解釈………………………………………5, 94
論理解釈……………………………………93

189

〈著者紹介〉（主たる執筆担当順。＊は編者）

- 鳥谷部　茂（広島大学大学院社会科学研究科教授）＊
  第１部　第１章，第２章３〜５，第５章１
  第２部　１，２，３，４，８，12

- 神野　礼斉（広島大学大学院法務研究科教授）
  第１部　第２章１・２
  第２部　５〜７，24，27，29

- 田村　耕一（広島大学大学院法務研究科教授）＊
  第１部　第３章，第５章２・４
  第２部　９〜11，16〜20，22，26，28

- 堀田　親臣（広島大学大学院社会科学研究科教授）
  第１部　第４章，第６章，第７章
  第２部　13〜15，32〜37

- 平山　也寸志（下関市立大学経済学部教授）
  第１部　第５章３
  第２部　21，23，25

- 村山　洋介（長崎大学経済学部教授）
  第１部　第５章５
  第２部　30，31

## 2STEP民法 1総則

2015年(平成27年) 7月20日 第1版第1刷発行

|編著者|鳥谷部　茂|
|---|---|
||田　村　耕　一|
|発行者|今井 貴　稲葉文子|
|発行所|株式会社　信山社|

総合監理／編集第2部

〒113-0033 東京都文京区本郷 6-2-9-102
Tel 03-3818-1019　Fax 03-3818-0344
info@shinzansha.co.jp
笠間才木支店　〒309-1611 茨城県笠間市笠間 515-3
Tel 0296-71-9081　Fax 0296-71-9082
笠間来栖支店　〒309-1625 茨城県笠間市来栖 2345-1
Tel 0296-71-0215　Fax 0296-72-5410
出版契約 No.2015-7791-3-01011　Printed in Japan

Ⓒ鳥谷部茂, 2015　印刷・製本／ワイズ書籍 M・渋谷文泉閣
ISBN978-4-7972-7791-3 C3332　分類324.106-c015
p.208:012-010-002 《禁無断複写》

**JCOPY** 〈(社)出版者著作権管理機構 委託出版物〉

本書の無断複写は著作権法上での例外を除き禁じられています。複写される場合は、そのつど事前に、(社)出版者著作権管理機構(電話03-3513-6969、FAX 03-3513-6979、e-mail: info@jcopy.or.jp)の許諾を得てください。

# 2 STEP 民法 シリーズ（予定）

1 総　　則 ＜本書＞
2 物　権　法
3 債　権　法
4 家　族　法

◇ 好評の入門シリーズ　ブリッジブック・シリーズ ◇

| | |
|---|---|
| 先端法学入門 | 土田道夫・高橋則夫・後藤巻則 編 |
| 法学入門〔第2版〕 | 南野　森 編 |
| 法哲学〔第2版〕 | 長谷川晃・角田猛之 編 |
| 憲　法 | 横田耕一・高見勝利 編 |
| 行政法〔第2版〕 | 宇賀克也 著 |
| 先端民法入門〔第3版〕 | 山野目章夫 編 |
| 刑法の基礎知識 | 町野　朔・丸山雅夫・山本輝之 編著 |
| 刑法の考え方〔第2版〕 | 高橋則夫 編 |
| 少年法 | 丸山雅夫 著 |
| 医事法 | 甲斐克則 編 |
| 商　法 | 永井和之 編 |
| 裁判法〔第2版〕 | 小島武司 編 |
| 民事訴訟法〔第2版〕 | 井上治典 編 |
| 民事訴訟法入門 | 山本和彦 著 |
| 刑事裁判法 | 椎橋隆幸 編 |
| 社会保障法〔第2版〕 | 菊地馨実 編 |
| 国際法 | 植木俊哉 編 |
| 国際人権法 | 芹田健太郎・薬師寺公夫・坂元茂樹 著 |
| 近代日本司法制度史 | 新井　勉・蕪山　嚴・小柳春一郎 著 |
| 法システム入門〔第3版〕 | 宮澤節生・武蔵勝宏・上石圭一・大塚　浩 著 |
| 社会学 | 玉野和志 編 |
| 日本の政策構想 | 寺岡　寛 著 |
| 日本の外交 | 井上寿一 著 |

法学六法　1000円（税別）

石川明・池田真朗・宮島司・安冨潔・
三上威彦・大森正仁・三木浩一・小山剛

信山社